Erich Demel

Porzellanmalerei

Vorbilder und Arbeitsanleitungen

Orell Füssli Verlag Zürich

Satz: Febel AG, Basel
Layout und Herstellung: Marcel Berger
Redaktion: Roswitha Beyer

© 1979 Office du Livre, Fribourg, und Orell Füssli Verlag Zürich
Alle Rechte vorbehalten

ISBN 3 280 01095 0

Printed in Hong Kong by South China Printing Co Ltd.

INHALTSVERZEICHNIS

AUS DER GESCHICHTE DER KERAMIK ... 7
Europas Keramik in vorgeschichtlicher Zeit ... 7
Mesopotamien ... 8
China ... 9
Islamische Keramik ... 11
Europäische Fayencen ... 12

EUROPÄISCHE PORZELLAN-
MANUFAKTUREN ... 15
Deutschland und Österreich ... 16
   Meißen ... 16
   Wien, 1717 bis 1866 ... 18
   Höchst, 1746 bis 1796 ... 18
   Nymphenburg, 1747 bis heute ... 19
   Fürstenberg, 1747 bis heute ... 20
   Berlin, 1751 bis heute ... 21
   Frankenthal, 1755 bis 1799 ... 21
   Ludwigsburg, 1758 bis 1824 ... 22
   Weitere deutsche Manufakturen ... 24
   Porzellan-Hausmalereien ... 25
Schweiz ... 25
   Zürich, 1763 bis 1790 ... 25
   Nyon, 1781 bis 1813 ... 26
Frankreich ... 26
   Saint-Cloud ... 26
   Chantilly ... 26
   Mennecy-Villeroy ... 26
   Vincennes-Sèvres ... 26
   Paris ... 28
   Limoges (Haute-Vienne) ... 30
Italien ... 30
   Venedig ... 30
   Doccia ... 30
   Capodimonte ... 31

England ... 33
   Chelsea ... 33
   Bow (Ost-London) ... 33
   Bristol ... 34
   Worcester, 1751 bis zur Gegenwart ... 34
   Caughley, 1772 bis 1799 ... 35
Skandinavien ... 35
   Rörstrand ... 35
   Kopenhagen ... 35
Niederlande ... 37
Belgien ... 37
   Tournai (flämisch Doornik) ... 37
Bedeutende spätere Gründungen ... 37

DER WERKSTOFF KERAMIK ... 39

DIE VERZIERUNG DES PORZELLANS ... 41
Die Unterglasurmalerei ... 41
   Farben und Malmittel ... 41
   Pinsel ... 42
   Die Pause ... 42
   Der Arbeitsplatz des Unterglasurmalers ... 43
   Die Kobaltmalerei ... 43
   Schablonenmalerei ... 44
Die Scharffeuermalerei ... 45
   Der Fond ... 46
   Abdecklack ... 48
Die Aufglasurmalerei ... 48
   Der Arbeitsplatz ... 48
   Pinsel ... 50
   Malmittel ... 53
   Spachtel ... 55
   Malpaletten ... 55
   Radiergeräte ... 56

Stahlfeder	56
Allschreiber	56
Farblappen	57
Die Schmelzfarben	57
Farbenmischung	58
Edelmetallpräparate	60
Goldpolierung	61
Blumenmalerei	62
Indischmalerei	63
Emailmalerei	63
Ätzgolddekoration	64
Schiebedruck	67
Stempeln	68
Schmelzbrand des Aufglasurdekors	68

PRAKTISCHE MALANLEITUNGEN .. 71

Auswahl der Farben und erste Malversuche	72
Pinselstriche als Dekor	76
Die rhythmische Banddekoration	79
Kornblume	81
Das Weinlaub	84
Rosette	87
Rändern, Bändern, Streifen	89
Ornament	92
Floraler Silhouettendekor	94
Das rote Drachenmuster	97
Die Rosenmalerei	101
Meißner Blumen	104
Das Bukett	107
Rosenranke	110
Blumenstreuer	113
Stilisierte Blume	116
Goldstaffagen	118
Goldblume mit Reliefzeichnung	121
Anregung für wertvolle Geschenke	124
Goldverzierungen	127
Zeichenfederdekor	129
Landschaft	132
Monogramm	134
Fondflächen	137
Prunkdekoration	140
Kobaltmalerei	142
Strohblumenmuster	144
Zwiebelmuster	146
Porzellanfigur	148
Gold-Lüster-Malerei	151
Kinderdekor	154
Schmetterlingsdekor	156
Keramikmalerei	158
Fliesentableau	160
Porzellanbilder	163
Fayence-Fliesen	165

ANHANG .. 167

Erklärung der Fachausdrücke	168
Literaturnachweis	175
Hersteller-Adressen	176
Abbildungsnachweis	177

AUS DER GESCHICHTE DER KERAMIK

Es wird wahrscheinlich nie gelingen, den Beginn keramischer Kunst auch nur annähernd zu datieren. Nach A. Klein (Keramik aus 5000 Jahren, Düsseldorf 1969) stammen die ältesten Produkte aus der Zeit um 7000 v. Chr.; sie wurden bei Jericho (Palästina) entdeckt. Das Hetjens-Museum in Düsseldorf besitzt unter anderem Funde aus Anatolien, die aus dem 6. Jahrtausend stammen; es ist Irdenware, die bereits Verzierungen mit einfachen Strichmustern, Zickzacklinien, aber auch Fabeltiere in Ritztechnik aufweist. Malmittel sind Tonschlicker oder Erdfarben. Obwohl diese Gefäße eine Rundform haben, sind sie noch ohne Töpferscheibe entstanden. Erst an Formen aus der Zeit um 4000 v. Chr., die man im Hochland von Iran fand, ist die Existenz der Töpferscheibe nachweisbar. Die Dekoration wurde phantasievoller. Neben Ornamenten und Darstellungen von Pflanzen erscheinen auch Tiere. In Europa bilden sich um 2000 v. Chr. verschiedene Arten von Keramik aus wie z. B. Schnurkeramik, Glockenbecher, Bandkeramik, Michelsberger Keramik und Kammkeramik, nach denen die einzelnen Kulturbereiche bezeichnet werden. Eine neue Richtung entsteht in der griechischen Vasenmalerei, die im 6. Jahrhundert v. Chr. im schwarzfigurigen Stil und im 5. Jahrhundert v. Chr. im rotfigurigen Stil hohe Bedeutung und Ausstrahlungskraft erreicht.

Europas Keramik in vorgeschichtlicher Zeit

Aus der Altsteinzeit (Paläolithikum) fand man bereits Nachbildungen von Tieren in Ton. In der Jungsteinzeit (Neolithikum) waren die Tongefäße fast die einzigen, jedenfalls die bevorzugten Träger der Kunst; sie können mit wenigen Ausnahmen als Kunsthandwerk bezeichnet werden. Zwei Gruppen sind zu unterscheiden: die Ware des allgemeinen Gebrauchs und die kultischen Gegenstände der Grabkeramik. Die erstere ist oft in schmuckloser Form geschaffen. Bei den Grabbeigaben ist ein besonderes Bemühen um Verzierung und symbolhafte Formen erkennbar, vor allem bei Vasen. Die Tonware der nordischen Steingräberkultur trägt Ziermuster, die mit einem spitzen Stäbchen eingestochen oder mit einem Model eingestempelt wurden. Man nennt sie deswegen »Tiefstichkeramik«. Eine dekorative Wirkung wurde durch

Ausfüllen der Vertiefungen mit einer weißen Masse aus Kreidemehl oder pulverisierten Muscheln erreicht. Die im weiteren Osten entwickelte »Schnurkeramik« verbreitete sich in Mitteleuropa bis an die nordische Küste. Diese Tonware hat ihren Namen von der Schmucktechnik der Gefäße erhalten. Dichte Reihen umlaufender Bänder um den Hals, hängende Dreiecke oder Fransen an Schulter und Bauch der Gefäße sind die Merkmale. Gegen Ende der jungsteinzeitlichen Periode überflutete eine Kulturwelle Europa, die ihren Ursprung auf der Pyrenäenhalbinsel hatte und nach der vorherrschenden Tongeschirrform, dem »Glockenbecher«, benannt wird. Diese Form wurde von einer Geflechtform abgeleitet, und man bevorzugte in rein geometrischer Verzierung Strahlen- oder Kelchmuster. Die Keramik kopiert zum ersten Mal und nachweisbar andere, beziehungsweise edlere Materialien. An die Stelle der groben Eintiefung tritt nach der Entstehung von Kupfergefäßen das feine Ritzmuster in der Dekoration der Irdenware. Es erscheinen auch Gefäße mit breiten flachen Bandhenkeln. Am Ende dieser Epoche dringt eine Kultur aus Südosten nach Europa, die als »donauländisch« bezeichnet wird. Die Tongefäße sind landschaftlich vielfach variiert. Gemeinsam ist ihnen allen das Grundmotiv der Spirale und des Mäanders. Bei den Erzeugnissen der Bükker Kultur aus den nördlichen Balkanländern begegnet man zum ersten Mal in der Geschichte der europäischen Keramik der Gefäßmalerei. Ihren Höhepunkt erreichte die neolithische Gefäßmalerei, soweit wir aus Funden in Tripolje (Gouvernement Kiew) wissen, in Südrußland. Die Gefäße dieser Zeit sind Beispiele konsequenter Genauigkeit. Sie sind Zeugnisse der Kenntnis einer hochentwickelten Technik, die geometrische Ornamentik in Verbindung mit Mehrfarbigkeit verwendet. Die Verteilung der Muster über die Wandungen der Vasen ist mit Sensibilität ausgeführt worden, so daß die Dekoration immer in vollem Einklang mit dem Aufbau des Gefäßes steht. In der Blütezeit der Tripolje-Keramik treten organische Motive, Tiere und Menschen auf. Dies Phänomen weist in die alten Kulturherde Mesopotamiens, aus denen uns reiche Beispiele der Gefäßmalerei bekannt sind.

Mesopotamien

In dem Gebiet zwischen Euphrat und Tigris, dem Zwischenstromland, haben Grabungen der letzten hundert Jahre früheste Zeugnisse der Keramik zutage gebracht. Zwar wurden als Baumaterial ungebrannte Ziegel bevorzugt, doch ist gebrannte Keramik – bemalte Schalen und Gefäße, modellierte Figürchen – bereits aus vorsumerischer Zeit, aus dem 6.–4. Jahrtausend v. Chr., bekannt. Sind die ältesten Stücke noch von Hand geformt, so wurde um 4000 v. Chr. bereits die Drehscheibe benutzt. Aus dem 3. Jahrtausend stammen die ältesten Reliefs aus gebranntem Ton, die aus Modeln des gleichen Materials geformt wurden. Aus Babylon kennen wir die großartigen Beispiele der aus modellierten und glasierten Ziegeln aufgebauten Mauerreliefs, die dem 1. Jahrtausend entstammen. Bis zur Eroberung Mesopotamiens durch die Moslems 634 hat sich die Keramik mehrfach gewandelt, doch ist die Traditon nie abgerissen; die ersten islamischen Keramiken entstanden hier in Mesopotamien.

China

Chinesische Kaiserdynastien werden in diesem großen Zentrum der Keramik vielfach auf Grund ihres Entwicklungsstandes in der Herstellung keramischer Kult- und Gebrauchsgegenstände beurteilt. Bereits während der Schang-Yin-Periode (1523–1028 v. Chr.) entstanden eine feine, weiße Keramik und die erste chinesische Glasur. Keramische Erzeugnisse sind seit der Han-Zeit (206 v. Chr.–220 n. Chr.) ein wesentlicher Bestandteil der künstlerischen Gestaltung in China, obwohl dort die Keramik selbst nicht als Kunst galt. Das Material der Grabfiguren und die stark gebrannten Töpferwaren sind als Vorläufer des Porzellans zu beurteilen. Die in der Tang-Zeit (618–906) geschaffenen Keramiken sind Zeugen einer Kultur, die imstande war, Höchstleistungen zu schaffen. Das Steinzeug mit Feldspatglasur und die farbig glasierte Irdenware unterscheiden sich von den Werken der vorausgegangenen Epochen durch verbesserte Qualität. Es entstand das sogenannte »Seladon«, ein grauweißer porzellanartiger Scherben mit blaugrünen, olivgrünen bis goldgelben Eisenglasuren. Nach den Fünf Dynastien (906–960) beginnt die Sung-Zeit (960–1279), aus der besonders schöne Seladone stammen. Weißes, blaubemaltes Porzellan wurde dann in der Yüan-Zeit (1279–1368) hergestellt. Diese Blau-Weiß-Porzellane waren von da an begehrte Artikel und erhielten in der späteren Entwicklung immer mehr Bedeutung. Das Kobaltblau wurde als »Mohammedanerblau« zunächst aus dem Vorderen Orient eingeführt. Es entstanden Gefäßformen, die von Anfang an mit dem Dekor harmonierten. In der Ming-Zeit (1368–1644) wird der Maldekor wichtiger als die

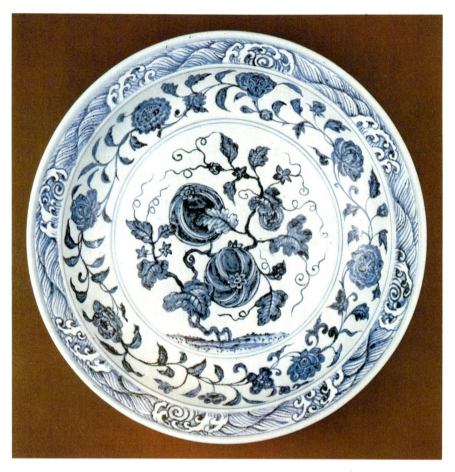

1
Große Schüssel. Blauweiß-Porzellan, Ming-Zeit, Anfang 15. Jahrhundert. London, British Museum

Form. Als besonderes Merkmal erscheinen ausgefüllte Umrißlinien. Der Reichtum der Formenschöpfung läßt eine Verfeinerung erkennen. Zuweilen sind Einflüsse des Vorderen Orients spürbar. Die »Fünffarbenmalerei« wird eingeführt. Insbesondere die frühen Arbeiten der Ming-Zeit haben eine impulsive Kraft und werden zum Teil noch heute gern kopiert. Die Übergangszeit bis 1660 bringt eine große Auflockerung im Dekor, die Tulpe tritt auf, und die Qualität der Malerei ist sehr gut.

Die Ch'ing-Zeit (1644–1912) entwickelt eine klare, strengere Formgebung und schafft somit den Stil für das neue Porzellan Chinas. Das Weiß des Scherbens wird rein und klar, das Kobaltblau wird gleichmäßig und strahlend blau (Gliederung durch Stege).

Die Kangxi-Zeit (1662-1722) schuf den Dekor »Famille verte«, beliebtes, farbenfrohes Vorbild für spätere europäische Fayence- und Porzellanmanufakturen. Die Vielfalt, die Exaktheit in der handwerklichen Ausarbeitung und die Ausgewogenheit der Farbgebung führten im

18. Jahrhundert erneut zu meisterhaften Ergebnissen. Die Werke der frühen Ming-Zeit sind jedoch als glanzvollste Erzeugnisse zu bewerten. Durch die spätere sehr stark historisierende Einstellung war der Niedergang des Porzellans in China nicht aufzuhalten.

Im 17. Jahrhundert gelang es auch in Japan, Porzellan herzustellen. Sehr bald verstand man, mit der in Japan gefundenen Porzellanerde (Kaolin und Feldspat) vielfarbig bemaltes Porzellan, wie etwa in der künstlerisch hochstehenden Kakiemon-Werkstatt, herzustellen und auszuführen, wobei vor allem die Teekeramik größtes Interesse fand.

Islamische Keramik

Zur Zeit der Abbasiden-Dynastie (750–1258), mit der Hauptstadt Bagdad, waren Handwerker unabhängig. Dort, wo eine Werkstatt entstand, wurde sie Mittelpunkt für Künstler, die von weither kamen. So sammelten sich Traditionen aus allen Teilen Asiens in einer Werkstatt. Diese Situation prägte jene Jahrhunderte. Eroberer verschleppten oft Handwerker samt Werkstätte als Teil ihrer Kriegsbeute. Doch überlebten die Keramiker mit ihren Traditionen alle Unterdrückungen und Ausbeutungen. Auf Grund dieser Wanderungen ist es in Asien oft unmöglich, lokale oder nationale Überlieferungen und Stilarten in der keramischen Produktion zu unterscheiden. Zur Zeit der mongolischen Khan-Dynastie in China vertieften sich die Kontakte zu Asien. Als Beweis kann man Dekorationsmuster verfolgen, die durch ganz Asien von Ost nach West gewandert sind. Es gab zuerst bäuerliche bleiglasierte Irdenware und auch Fayencen, die sich chinesischen Vorbildern der Tang-Zeit anschlossen, vor allem der Xuangzong-Periode (713–755), die als goldenes Zeitalter des Kunsthandwerks und auch der Keramik gilt. Zu den frühen islamischen Keramiken zählt auch die Sgraffitoware. Neben der Gefäßherstellung und den zugehörigen Dekorationstechniken entstand eine bedeutende Fliesenproduktion. Die Fliesenbekleidung der Wände in den Moscheen sollte bei der Betrachtung eine Entmaterialisierung und einen Schwebezustand bewirken, der als Hilfeleistung zu Meditationen wohl dienen kann. Der Sinn und die Fähigkeit der orientalischen Künstler für Verzierung und Schmuck tritt hier besonders deutlich hervor. Die islamische Keramik nimmt eine Schlüsselstellung in der Entwicklung – und auch in der Beurteilung – der keramischen Kunst in Ost und West ein. Ihre Verbreitung ist mit der Entstehung und Ausdehnung der islamischen Religion eng verbunden. Einzigartiges, wucherndes Rankenwerk von Pflanzen und phantasievolle Symbolformen verbinden sich zu den vielfältigen und verknüpften islamischen Gestaltungen, die bereits bei ihrem ersten Auftreten von außerordentlicher Fülle sind. Eine bislang unbekannte Farbigkeit und eine ungewöhnlich reiche Ausbildung des Ornaments sind, neben neugeprägten Formen, hervorstechende Merkmale. Im Vorderen Orient entwickelte man erst einfache Bleiglasuren über einer Schlickermalerei und alkalische Glasuren in Türkis. Letztere wurden in Ägypten und in Syrien zu meisterhafter Anwendung gebracht. Eine andere, ebenfalls am Anfang der Entwicklung stehende Farbe ist der Goldlüster – bräunlich gelb bis bräunlich rot. Dieser Goldlüster ist aus Funden in Ägypten wie auch in Mesopotamien für das 9. Jahrhundert belegt. Die dritte Farbe ist die weiße, deckende Zinnglasur. Vielleicht als Nachbildung des chinesischen Porzellans erdacht, gibt sie dem farbigen Tonscherben ein völlig neues Gesicht und fordert zur Buntbemalung heraus. Erste zinnglasierte, bemalte Irdenware (frühe Fayence) zeigen die Funde aus Samarra, ebenfalls aus dem 9. Jahrhundert. Neben den bereits bekannten Inglasurfarben findet sich auf der sogenannten Minai-Ware (*minà* = Schmelzfarbe) die erste Anwendung von Muffelfarben (Überglasurfarben) in der Geschichte der Keramik. Auf weißer Zinnglasur oder türkisfarbener Glasur ist in den Farben Graublau, Hellturkis, Rostrot, Grau, Schwarz und Gold gemalt worden. Es werden zum Beispiel Reiterzüge und Kamelkarawanen dargestellt und mit einem reichunterteilten Ornamentnetz versehen. Diese kostbare Minai-Fayence wurde Ende des 12. und Anfang des 13. Jahrhunderts geschaffen. Die türkische Fayence wird wegen ihrer zinnhaltigen Engobe anstelle der Zinnglasur auch als Halbfayence bezeichnet. Dieser weiße Tonanguß mit den darauf gemalten Farben Blau, Grün und Rot und farbloser Glasur hat der islamischen Fayence im 16. Jahrhundert neuen Aufschwung gegeben. Anfang des 17. Jahrhunderts und in der Folgezeit war der Einfluß des chinesischen Porzellans auf dem Gebiet des Dekors in der islamischen Keramik sehr deutlich.

Europäische Fayencen

Die Fayence erreichte Europa im 14. Jahrhundert einerseits durch die Araber über Spanien, andererseits kam sie vom Orient nach Italien. Frankreich lernte diese zinnglasierte Irdenware von eingewanderten Italienern kennen und bezeichnete sie nach dem Herstellungsort Faenza

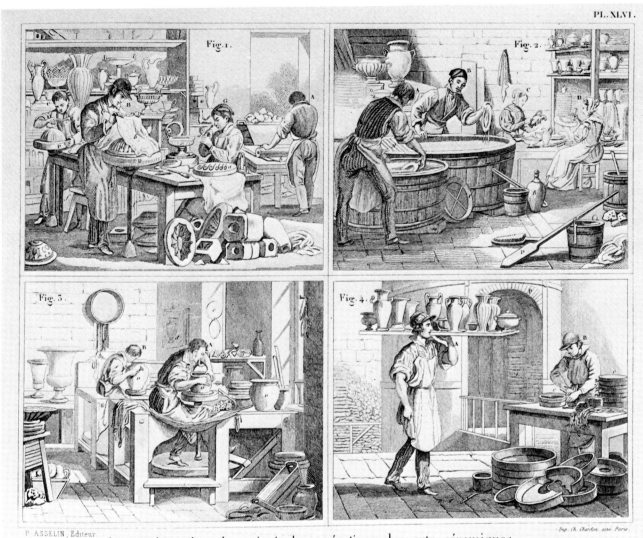

2
Die wichtigsten Arbeitsgänge bei der Keramikherstellung: 1. Formen, Ansetzen der Henkel und Schnaupen – 2. Eintauchen in die Glasur – 3. Drehen der Gefäße – 4. Transport zum Ofen. Tafel aus »Traité des arts céramiques« von Brogniart, 1844

als »Fayence«. Im deutschen Sprachgebrauch wird auch die Bezeichnung »Majolika« verwendet. Wahrscheinlich stammt dieser Name vom Umschlagplatz Mallorca oder aber von der genuesischen Seefahrerfamilie Maiollo. In den Niederlanden entwickelte sich durch den Einfluß des ostasiatischen Porzellans und der faszinierenden neuen Technik aus dem Süden eine Keramik von besonderem Reiz. In der Blütezeit um 1680 war Delft mit 30 Produktionsstätten das Zentrum der weltbekannten holländischen Fayencen. Im 18. Jahrhundert hatte die mitteleuropäische Fayenceherstellung bei aller Verschiedenheit der einzelnen Manu-

3
Fayence-Teller. Rouen, Anfang 18. Jahrhundert. Düsseldorf, Hetjens-Museum

fakturen einen völlig eigenen Charakter. In Frankreich traten Rouen, Nevers, Marseilles und Moustiers mit eigenem Stil hervor. Auch in Deutschland gab es eine umfangreiche, farbig vielfältige Fayenceproduktion. Ende des 18. Jahrhunderts verdrängte das von England eingeführte Steingut die Fayence.

EUROPÄISCHE PORZELLANMANUFAKTUREN

Jesuitenmissionare in China beschrieben oft in ihren Briefen die Herstellung des Porzellans. Doch keinem der vielen Arkanisten vor 1710 glückte die Erfindung des weißen Goldes. Zwar hatte man schon in Mailand, Florenz, Rouen und Paris eine Masse hergestellt, die nach dem Brand der China- und Japanware glich, jedoch eine Fritte war. Für

4
Johann Friedrich Böttger, der Erfinder des europäischen Hartporzellans. Postume Büste von F. A. Weger

Alchimisten bedeutete es ein vielversprechendes Geschäft, diese Ware im eigenen Lande herzustellen. Die Schriften, die sich mit der »Porcellainmacherey« in China befaßten, galten als ungemein wertvoll. Durch die Unterstützung Ehrenfried Walther von Tschirnhaus' mit seinen wissenschaftlichen Vorarbeiten gelang dem deutschen Apotheker Johann Friedrich Böttger am 15. Januar 1708 in Meißen die Herstellung des Hartporzellans.

Deutschland und Österreich

Meißen

August der Starke, Kurfürst von Sachsen, gründete nun im Jahre 1710 in Dresden die erste europäische Porzellanmanufaktur. Schon nach kurzer Zeit erwies sich das auf der Venusbastei eingerichtete Laboratorium für fabrikmäßige Erzeugung des vorerst roten Steinzeugs (Böttgersteinzeug) als zu klein. Deshalb wurde einige Wochen später die Albrechtsburg bei Meißen als Arbeitsstätte bestimmt. Ab 1713 verdrängte die Produktion wirklichen Porzellans die Herstellung des Steinzeugs. Der glänzende Aufstieg des Unternehmens gelang aber erst nach Böttgers Tod 1719. Der »Kunst Mahler« Johann Gregorius Höroldt leitete eine stürmische Entwicklung in der Porzellanmalerei ein. Als Farbentechniker brachte er die Böttgerschen Farben zur Leuchtkraft. Er entwickelte eine eigenständige Technik der Porzellanmalerei, die sich vom anfänglich nachgeahmten asiatischen Stil der Chinoiserien deutlich abhob. Die Malerei der »Deutschen Blumen« besitzt bis in unsere Zeit hohe Anerkennung und behielt den Reiz, die »Meißner Blumenmalerei« nachzuahmen. Die sogenannte Höroldt-Zeit von 1720 bis 1731 war die malerische Periode Meißens. Heute gehören die eigenhändigen Malereien des einstigen Tapetenmalers zum Schönsten und Teuersten, was die Porzellankunst des 18. Jahrhunderts hervorgebracht hat. Durch die Berufung des Bildhauers Johann Joachim Kändler 1731 wurde langsam das Hauptgewicht der Manufaktur auf die plastische Ausführung des Porzellans gelegt. Kändler, der Schöpfer der europäischen Porzellanplastik, bestimmte den Stil Meißens bis in unsere Zeit. Die Malerei der Höroldt-Kändlerschen Zeit (plastische Periode), die von 1731 bis 1763 gerechnet wird, brachte uns Schöpfungen im Stile der französischen Rokokomaler, Schlachtenszenen und Jagddarstellungen nach Riedinger und anderen. Auch die »Deutschen Blumen« sind

5
Johann Gregorius Höroldt, der Hauptmeister der europäischen Porzellanmalerei. Stich von C. W. E. Dietricy

6
Bartschale mit indianischen Blumen und fliegenden Vögeln in der Art der japanischen Kakiemon-Porzellane. Meißen, um 1730. Slg. Frau Dr. Andreina Torré, Zürich

eine Schöpfung dieser Zeit. Seit 1740 wird das bis heute berühmte unterglasurblaue »Zwiebelmuster« hergestellt. Ein ebenfalls noch immer geschätzter Dekor ist das Weinlaub-Muster von 1817, bei dem Chromgrün verwendet wurde. Die Meißner Porzellanmanufaktur, mit dem Markenzeichen der gekreuzten blauen Schwerter, behauptete in der ersten Hälfte des 18. Jahrhunderts den unbestrittenen Vorrang. In dieser äußerst produktiven Phase gelang es mehr und mehr, das ostasiatische Porzellan nicht nur zu kopieren, sondern einen eigenen europäischen Weg in der Gestaltung und Aussage zu finden. Es gelang jedoch nicht, das Geheimnis der Porzellanherstellung in Meißen zu hüten.

7
Johann Joachim Kändler, der Schöpfer der europäischen Porzellanplastik. Zeitgenössischer Scherenschnitt

Wien, 1717 bis 1866

Claudius Innozenz Du Paquier, der Gründer der Wiener Porzellanmanufaktur, verpflichtete 1717 den von Meißen kommenden Wanderarkanisten Christoph Conrad Hunger. Dieser rühmte sich, das Arkanum von Böttger selbst kennengelernt zu haben. Die Herstellung des echten Porzellans verdankte man aber dem Meißner Spezialisten Samuel Stöltzel, der 1719 in Wien eintraf. Hier arbeitete bereits Höroldt als Maler. Als man wegen finanzieller Schwierigkeiten die Löhne nicht mehr zahlen konnte, reiste Stöltzel 1720 nach Meißen zurück. Mit ihm ging auch Höroldt. Du Paquier verkaufte 1744 das Unternehmen der Kaiserin Maria Theresia. Ende des 18. Jahrhunderts erlebte die Manufaktur eine zweite Blütezeit, die sich weit ins 19. Jahrhundert hinein erstreckte. Gegen 1820 begann langsam, aber unaufhaltsam der Verfall der Fabrik. 1864 genehmigte der Kaiser die vom Parlament beschlossene Auflösung.

Höchst, 1746 bis 1796

Von 1746 bis 1750 stellte das Unternehmen nur Fayencen her. Der aus Wien kommende Joseph Jakob Ringler ermöglichte 1750 durch seine Arkanakenntnis die Herstellung des Porzellans. 1752 ist er in Straßburg, 1753 bis 1757 in Neudeck bei München, dann in Künersberg, Schrezheim, Utzmemmingen, Ellwangen und Ludwigsburg. Überall dort baut er den »Wienerofen« und brennt echtes Porzellan. Durch die vielen Neugründungen um die Jahrhundertmitte stockte der Absatz der Manufaktur in Höchst so sehr, daß sie 1756 zum ersten Mal den Bankrott erklären mußte. Sie wurde aber vom Mainzer Pfandamt weiterbetrieben. Laurentius Russinger, der als »Figurierer« und Modellmeister sich große Verdienste erwarb, und ebenso sein Nachfolger Johann Peter Melchior, der durch zahlreiche Figuren berühmt wurde, retteten zunächst den Betrieb. Man kam später wiederholt in finanzielle Schwierigkeiten, und der Verfall ließ sich nicht aufhalten. 1796 wurde die, inzwischen kurmainzische, Manufaktur geschlossen. Seit einigen Jahren stellt man wieder Nachbildungen alter Modelle her.

Nymphenburg, 1747 bis heute

Kurfürst Maximilian III. Joseph von Bayern errichtete nach ersten Versuchen in den Räumen des unbewohnten Lustschloßes Neudeck bei München eine Porzellanfabrik. Der Arkanist Joseph Jakob Ringler hörte von den erfolglosen und kostspieligen Versuchen und kam 1753 von Straßburg nach Neudeck. 1754 wurde nach Fertigstellung des »Wienerofens« das erste Porzellan hergestellt. 1761 siedelte man in die

8
Schüssel mit bunten Blumen aus dem Service für den Kurfürstlichen Hof in München. Neudeck, um 1760. Slg. Dr. Siegfried Ducret, Zürich

neuerbaute Fabrik an der Nordseite des Schlosses Nymphenburg über. Der Ruf Nymphenburgs verbreitete sich bald weit über die Grenzen Bayerns. Der Erfolg der ersten Jahre ist untrennbar verbunden mit dem Namen Franz Anton Bustelli, des großen Plastikers der Jahrhundertmitte, von dessen Werken man noch bis heute Nachbildungen herstellt.

Fürstenberg, 1747 bis heute

Die Gründung der Porzellanmanufaktur im alten Schloß zu Fürstenberg bei Höxter a. d. Weser wurde 1747 beschlossen. Es gelang jedoch erst 1753, das erste Hartporzellan zu erzeugen. Es folgten Zeiten des Aufstiegs und des Niedergangs, bedingt durch den Siebenjährigen Krieg. Trotz des ständigen Szenenwechsels sind die Fürstenberger Erzeugnisse künstlerisch hochwertig. Figuren und Geschirre – mit

9
Bettler mit Krücke und Bettlerin mit Geldbüchse. Fürstenberg, um 1754. Slg. Dr. Siegfried Ducret, Zürich

einem »F« gemarkt – erreichten hohes Ansehen. Bis heute wird dort qualitativ hochwertiges Porzellan erzeugt. Neben der Herstellung von zeitgerechten Formen und Dekors hat Fürstenberg es nie unterlassen, die Glanzstücke seiner Erzeugnisse aus der Zeit des Rokoko nachzubilden.

Berlin, 1751 bis heute

Die von Privatfabrikanten 1751 errichtete Manufaktur vergrößerte sich in den Folgejahren insbesondere durch Aussiedler aus Meißen rasch. 1763 erwarb Friedrich der Große den Betrieb, der sich von da an Königliche Porzellanmanufaktur nannte. Das Interesse des Königs bewirkte einen erstaunlichen Aufschwung. Es entstanden verschiedene Tafelgeschirre, die er für seine Schlösser herstellen ließ und die zu den reizvollsten Schöpfungen des deutschen Rokoko zählen. Durch den Bau neuer, runder Öfen wurde Berlin die erste Manufaktur, die Etagenöfen zum Porzellanbrand verwendete. Die Anwendung der Dampfmaschine sowie die Errichtung der Verpflegungs- und Versorgungskasse für Arbeiter bei Krankheit und Invalidität trugen dazu bei, der Manufaktur in industrieller, künstlerischer und sozialer Hinsicht eine besonders fortschrittliche Position unter den Manufakturen des ausgehenden 18. Jahrhunderts zu sichern. Sie arbeitet heute noch entsprechend ihrer guten Tradition.

Frankenthal, 1755 bis 1799

Seit 1745 versuchte Paul Hannong in Straßburg echtes Porzellan herzustellen. Als er 1751 durch den Wanderarkanisten Joseph Jakob Ringler den Bau des Hartbrandofens und die Massemischung kennenlernte, wurde ihm die Herstellung von echtem, buntbemaltem Porzellan nicht gestattet. Das Privilegium besaß ausschließlich Sèvres (bei Paris). Deshalb wandte er sich 1755 an Carl Theodor, den Kurfürsten der Pfalz, und erhielt eine Konzession zur Errichtung einer Fabrik in Frankenthal. 1762 ging der Betrieb in kurfürstliche Verwaltung über. Unter den bemerkenswerten Künstlern, die diese Fabrik bekannt machten, ist besonders Modellmeister Konrad Linck zu nennen. Zu seinen reizvollsten Schöpfungen gehören die »Neun Musen«; seine Porzellanwerke werden denen von Kändler und Bustelli zur Seite gestellt. Die wirtschaftlichen Erfolge waren aber so wechselvoll, daß Frankenthal dasselbe Schicksal ereilte, das den anderen Manufakturen des 18. Jahrhunderts beschieden war. Frankenthal wurde 1799 geschlossen und die Ware zu Schleuderpreisen abgesetzt.

Ludwigsburg, 1758 bis 1824

Die 1758 gegründete Fabrik erlebte ihre Blütezeit 1760–1767 unter der Direktion des Arkanisten Joseph Jakob Ringler und des Modellmeisters I. W. Christian Beyer. Es entwickelte sich in Ludwigsburg überraschend schnell ein Figurenstil von ausgeprägter Eigenart, ein rokokomäßiger,

10
Blumenmalerei aus dem Arcanabuch von Joseph Jakob Ringler in Ludwigsburg. Um 1760. Slg. Dr. Siegfried Ducret, Zürich

11
Liebespaar. Nach einem Modell von Johann Friedrich Kändler. Ansbach, um 1760. Slg. Dr. Siegfried Ducret, Zürich

malerischer Porzellanstil. Ludwigsburg machte sich dann aber als erste deutsche Porzellanmanufaktur den klassizistischen Stil zu eigen. 1824 wurde die Manufaktur aufgelöst.

Weitere deutsche Manufakturen

Neben diesen Manufakturen wurden in Deutschland noch zahlreiche andere gegründet. Sie erreichten eine mehr oder minder kurze Blütezeit. Finanzielle Schwierigkeiten als Folge von unrentablen Herstellungsmethoden und Absatzschwierigkeiten waren fast ausschließlich die Hauptursache für den späteren Niedergang. Angeregt durch Wanderarkanisten, von denen Joseph Jakob Ringler aus Wien heute als der bedeutendste des 18. Jahrhunderts gilt, versuchten Fürstentümer immer, so ihren jeweiligen Eigenbedarf zu decken und durch Anwerbung namhafter Künstler mit hochwertigen Erzeugnissen zu repräsentieren. Versiegten die Zuschüsse, ließ der Niedergang nicht lange auf sich warten. Zu diesen Manufakturen gehörten Ansbach, Ottweiler, Fulda, Kelsterbach, Kassel, Zweibrücken und Würzburg. Es gibt aber auch Fabriken in Thüringen, die bis heute bestehen: Gotha 1757, Kloster Veilsdorf 1760, Volkstedt 1760, Wallendorf 1762, Limbach 1772, Ilmenau 1777, Gera 1780, Rauenstein 1783 und Großbreitenbach 1777.

12
Teekanne, Bechertasse und Unterschale. Gelbliche Böttgerporzellane, um 1719. Slg. Dr. Siegfried Ducret, Zürich

Porzellan-Hausmalereien

Bis Mitte des Jahres 1728 war es in Meißen möglich, unbemaltes Porzellan zu erwerben. Die Hausmaler in Meißen, Augsburg, Bayreuth, Böhmen und Holland benützten diese Freizügigkeit ausgiebig. Man sah sich deshalb genötigt, diese »Pfuscherey des Porcelain bemahlens und Einbrennens bey Gefängnis oder Festungsbau oder noch empfindlicherer Straf zu untersagen«. Heute gehören die Hausmalereien in Fachkreisen zu den begehrtesten porzellanenen Kunstschätzen.

Schweiz

Zürich, 1763 bis 1790

Ein Konsortium, bestehend aus sieben Mitgliedern, errichtete 1763 in Schooren-Bendlikon bei Zürich eine Porzellanfabrik. Das Arkanum für das Weichporzellan verschaffte man sich aus Frankreich. Schon anfangs verarbeitete man verschiedene Erden, stellte ebenso Fayencen her und seit 1777 auch Steingut. Die Ware ging bis nach Italien und Holland. Der größte Auftrag war ein Speiseservice für das Benediktinerkloster in Einsiedeln. Es war ein Geschenk des Zürcher Rats, das 1776 abgeliefert wurde. Der Künstler hatte ein Jahr daran gemalt. Es bestand aus annähernd 350 Stücken und gehört mit zum Schönsten, was die Rokokozeit hinterlassen hat. 1790 wurde das Unternehmen liquidiert.

13
Terrine aus dem Service für das Kloster Einsiedeln. Zürich, 1775. Slg. Dr. Siegfried Ducret, Zürich

Nyon, 1781 bis 1813

Jakob Dortu aus Berlin und Ferdinand Müller aus Frankenthal erhielten 1781 die Bewilligung, in Nyon am Genfersee eine Fabrik für echtes Porzellan zu errichten. Fünf Jahre später trennten sich die beiden. Nach ihnen baute Jean Georges Jules Zinkernagel an der Rue de la Porcelaine ein neues »Etablissement«. Durch die Vielzahl der engagierten Spitzenkräfte erreichte die Manufaktur ein beachtliches Niveau. Der Dekor war damals nach neuestem Geschmack und harmonierte vorzüglich mit der klassischen Form des Gefäße. Die Fabrik wurde 1813 geschlossen.

Frankreich

Saint-Cloud

Diese Manufaktur stellte bereits 1693 Weichporzellan her. Die frühen Produkte haben eine gelbliche, weichglänzende Glasur. Die Geschirre sind oft mit einem Behangmuster blau bemalt. 1766 wurde die Produktion eingestellt.

Chantilly

Die 1725 gegründete Porzellanmanufaktur stellte Weichporzellan mit Zinnglasur her. Beachtenswert ist die Bemalung nach dem Vorbild der Kakiemon-Porzellane.

Mennecy-Villeroy

Die kleinen Statuen der ersten Epoche ab 1748 besitzen eine anmutige Einfalt. Die späteren Erzeugnisse in Biskuit werden verfeinert, können sich jedoch in ihrer Oberfläche mit Stücken von Sèvres nicht messen.

Vincennes-Sèvres

1756 wurde die Porzellanfabrik Vincennes nach Sèvres verlegt. Sie war zunächst als Aktiengesellschaft gegründet; 1759 übernahm der König die Fabrik. Die besten Meister der Zeit haben ihre Kräfte in den Dienst

14
Dekorationsentwürfe für Tassen aus einer Sammlung mit vierhundert Entwürfen eines unbekannten Künstlers. Ende 18. Jahrhundert. Paris. Bibl. nat., Cabinet des Estampes

der Manufaktur gestellt; dadurch wurde sie ernsthafte Konkurrenz für Meißen. Die Erzeugung von Hartporzellan wurde erst nach den Kaolinlagerfunden 1768 in St-Yrieix-la-Perche aufgenommen. Die Manufaktur ist 1804 zur Kaiserlichen Porzellanmanufaktur erhoben worden und bis heute ein Staatsbetrieb geblieben.

Paris

Ende des 18. und im 19. Jahrhundert wurden in Paris zahlreiche Porzellanfabriken und Handmalereien gegründet und oft wenig später wieder aufgelöst.

Die in der Rue Fontaine-au-Roy 1771 gegründete Manufaktur übernahm der deutsche Arkanist Lorenz Russinger. Das Unternehmen erzeugte vorzügliches Porzellan im Meißner Stil. Der Betrieb ist bis heute in Familienbesitz.

15
Tasse mit Untertasse, goldener, »chinesischer« Dekor auf rotem Grund. Paris, Dagoty, zwischen 1804 und 1814. Musée National de La Malmaison

16
Vase aus einer Kamin-Garnitur. Paris, Jacob Petit, um 1840. Genf, Musée de l'Ariana

Limoges (Haute-Vienne)

Von 1771–1796 existierte in Limoges eine Porzellanmanufaktur, die Hartporzellan im Stil von Sèvres und Paris herstellte. Mehrfarbige Blumenbuketts wurden ab 1784 durch eine neue Spezialität, ein Girlandenmuster mit der *rose de Limoges,* abgelöst. Ebenso dienten kleine blaue Blütenzweige *à la brindille bleue* oder das Motiv der Kornblume *(barbeaux)* als beliebte Dekoration. Gegen Ende des 18. Jahrhunderts arbeiteten in Limoges bereits weitere Manufakturen, die ebenso Hartporzellan in der Art von Sèvres und Paris fabrizierten.

Die zahlreichen, seit Ende des 18. Jahrhunderts gegründeten Porzellanfabriken, die zum Teil bis heute existieren, sind in ihrer Bedeutung der von Sèvres unterlegen. Erwähnenswert ist das in Niderviller entwickelte Kornblumenmuster *(barbeaux),* das 1782 für die Königin Marie-Antoinette von Frankreich entworfen wurde und später auch bei vielen anderen Manufakturen erscheint.

Italien

Venedig

Hier soll bereits 1470 ein Alchimist mittels Bologneser Erde Porzellan hergestellt haben, welches an Qualität dem »barbarischen« gleichkam. Die Erfindung ist wieder verschollen. Anfang des 18. Jahrhunderts befaßte sich der vielberufene Christoph Conrad Hunger hier mit der Porzellanherstellung, jedoch ohne besondere Erfolge zu erzielen. Die Gebrüder Vezzi, die wahrscheinlich das Arkanum von Hunger erhielten, begannen 1719 mit der Herstellung von Porzellan. Das Unternehmen bestand bis 1740. Die Wappenmalereien auf den frühesten Stücken müssen als die beste Leistung der Produktion Vezzi bezeichnet werden. Die Porzellanmanufaktur von Gemeniano Cocci, die 1765 eröffnet wurde, stellte Weichporzellan mit japanischen Dekoren her. Es handelt sich nicht um reines Porzellan. Der Scherben ist leicht grau getönt.

Doccia

Der Marchese Carlo Ginori gründete 1737 hier eine Porzellanmanufaktur mit Hilfe des Wiener Arkanisten Zirnfeld. Der anfänglich von säch-

17
Teller mit Blütenzweigen. Doccia, 1750/1755. Hamburg, Museum für Kunst und Gewerbe

sischen Arbeitern beinflußte Stil wurde rasch durch den namhafter italienischer Künstler abgelöst. Es entstanden Statuen und Vasen von beträchtlicher Größe, wie sie vorher in Porzellan nicht bekannt waren. Durch Zusammenlegung und Ankauf von anderen Firmen vergrößerte sich der Betrieb und wurde zur bedeutendsten italienischen Porzellanfabrik. Im letzten Krieg erlitten sämtliche Fabriken schwere Verluste. Heute wird in Doccia nur noch künstlerisches Porzellan erzeugt. Das Unternehmen besteht zurzeit aus acht Fabriken.

Capodimonte

1743 eröffnete König Karl IV. von Neapel in seinem Schloß Capodimonte eine Porzellanmanufaktur. Die dort hergestellte weiße Frittenmasse wurde von Modelleuren und Malern zu hochwertigen Erzeugnissen verarbeitet. Als der König 1759 als Karl III. den spanischen Thron bestieg, verlud er die Einrichtungen und Materialien der Porzellanmanufaktur auf Schiffe und errichtete in Buen Retiro mit den meisten Künstlern und Werkleuten aus Neapel eine neue Produktionsstätte. Dieser Betrieb bestand bis 1812.

18
Doktor Baluardo. Buen Retiro, um 1765.
London, British Museum

England

Die von Josiah Wedgewood in Etruria, Staffordshire, 1769 gegründeten Werke sind für die Geschichte der Keramik der neueren Zeit, vor allem für die Steingut- und Steinzeugproduktion, von großer Bedeutung. Porzellan wurde als Knochenporzellan zwischen 1795 und ungefähr 1815 hergestellt. 1878 wurde die Fabrikation von Knochenporzellan erneut begonnen und nahm in der Folgezeit einen bedeutenden Aufschwung. Im Gegensatz zu den anfänglichen Erzeugnissen der englischen Keramik, die sich stilistisch an den europäischen Zentren orientierten, nahm Wedgewood auf die Technik und Formgebung nicht nur der englischen, sondern auch der kontinentalen Keramik stärksten Einfluß.

Chelsea

Hier entstand die erste Porzellanmanufaktur in England; sie produzierte von 1745 bis 1784. Die anfänglichen Erzeugnisse bestanden aus einer glasigen Frittenmasse nach französischem Vorbild. Ab 1750 verwendete man eine leicht bläulich schimmernde Masse, die das Porzellan reiner weiß erscheinen läßt. Es entstanden farbige Dekore im Kakiemon-Stil, Blumenbuketts und Einzelblüten. Beliebt waren Darstellungen von Tieren in Landschaften und Szenen aus Äsops Fabeln nach Illustrationen von Francis Barlow. Erwähnenswert sind auch die großflächigen Darstellungen von Blumen und Pflanzen nach botanischen Vorlagen. In den letzten 30 Jahren ihres Bestehens geriet die Manufaktur bei der Gestaltung ihrer Erzeugnisse ganz unter den Einfluß von Sèvres.

Bow (Ost-London)

Der Maler Fry ließ sich 1748 ein Patent zur Porzellanherstellung unter Nutzung von Knochenasche ausstellen. Dies war für die Entwicklung des speziellen englischen Porzellans von Bedeutung und ist bis heute ein besonderes Merkmal geblieben. Es entstanden auf dem crèmefarbenen Knochenporzellan Kakiemon-Dekore, aber auch eine feine Blumenmalerei in zarten Farbschattierungen. 1756 erfolgten erste Versuche mit Druckdekor *(transfer-printing)* in Schwarz, Rot und Purpur. 1776 wurde der Betrieb geschlossen.

Bristol

Hier wurde in Lowdin's Porcelain-Factory unter Verwendung von Steatit *(soapstone)* Porzellan hergestellt. Bereits 1752 verlegte man das Werk nach Worcester. 1770 wurde Cockworthy's and Champion's Porcelain-Factory von Plymouth nach Bristol verlegt. Sie stellte Hartporzellan her.

Worcester, 1751 bis zur Gegenwart

Die Produkte dieses Werkes, in dem 1752 die erste Bristoler Fabrik aufging, wurden aus Steatit hergestellt. Die heutige Firma ist seit 1862 im Besitz der »Royal Worcester Porcelain Company«. Im Laufe der Jahre

19
Teller mit Blumenbukett in Blaudruck. Worcester, um 1770. Hamburg, Museum für Kunst und Gewerbe

wurde dort die ganze Vielfalt zeitgenössischer Dekore ausgeführt. Schon 1756/57 wurde der Druckdekor verwendet, seit 1759 auch in Unterglasurtechnik. Mit dem Engagement einiger der besten Maler aus Chelsea im Jahre 1768 glichen sich Form und Dekor dem Chelsea- und Sèvres-Stil an. Worcester-Porzellan wurde im 18. Jahrhundert von verschiedenen englischen Manufakturen wie Caughley und Lowestoft imitiert.

Caughley, 1772 bis 1799

Caughley-Porzellan basiert ebenfalls auf Steatit und ähnelt ganz den Worcester-Erzeugnissen. Die Masse zeigt bei Gegenlicht eine etwas bräunliche Färbung.

Skandinavien

Rörstrand

In Rörstrand (Schweden) wurde 1726 eine Fayencefabrik gegründet, in der auch Christoph Conrad Hunger einige Jahre gearbeitet hat. 1797 begann die Porzellanfabrikation. Die ersten Arbeiten waren im englischen Geschmack ausgeführt. Hauptsächlich wurden Services hergestellt, die gegen Ende des vergangenen Jahrhunderts eine eigene Note erkennen ließen. Zurzeit werden sehr schöne Arbeiten im Stil der »Schwedischen Moderne« erzeugt.

Kopenhagen

Eine 1760 gegründete Porzellanfabrik, die sich »Fabrik am blauen Turm« nannte, fabrizierte nur Frittenporzellan nach französichem Vorbild. Erst 1773 gelang die Herstellung von echtem Porzellan. Ab 1799 als »Den Kongelige Porcelaensfabrik« geführt, kann sie sich in der gesamten künstlerischen Produktion niemals vom Einfluß der führenden europäischen Manufakturen freimachen. Lediglich das »Flora-Danica-Service« bildet eine Ausnahme. Das Unternehmen hat sich bis in unsere Zeit auf hohem künstlerischem Niveau gehalten.

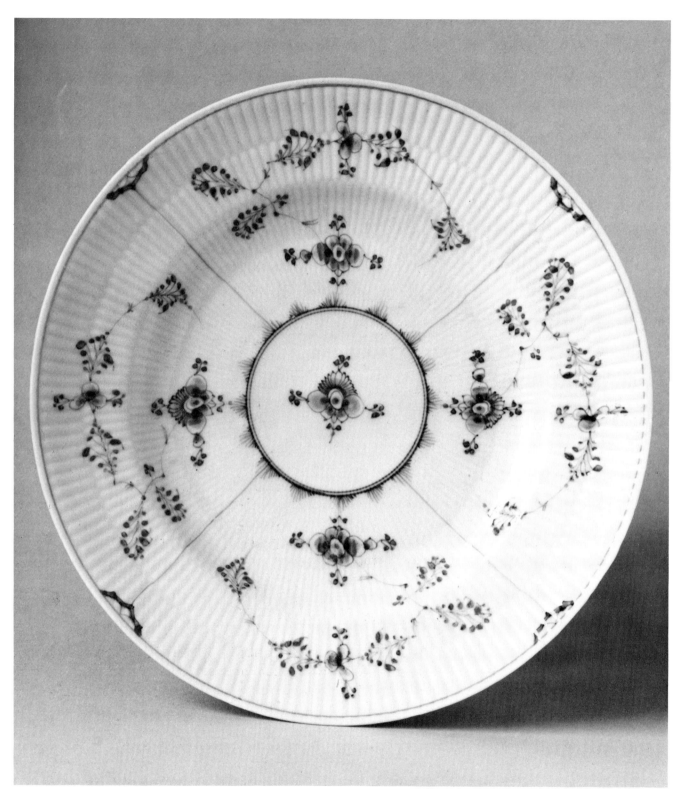

Niederlande

Die erste niederländische Porzellanfabrik in Weesp aus dem Jahre 1764 wurde 1771 nach Oude Loosdrecht und 1784 nach Amstel verlegt. Sie kam durch die vorzügliche Qualität ihrer Ware rasch zur Blüte. Gefertigt wurde im Stil führender Manufakturen wie Meißen und Sèvres. Eine besondere Eigenart in der Malerei ist das vorherrschende Braun.

Belgien

Tournai (flämisch Doornik)

Die 1751 gegründete Porzellanmanufaktur stellte Frittenporzellan (Weichporzellan) her und imitierte Meißen und Sèvres. Die Geschirrproduktion wurde durch ein »Vogelservice« bekannt, das nach Illustrationen der Naturgeschichte Buffons gemalt wurde. 1850 kauften die Brüder Boch den Betrieb; 1891 stellte man die Produktion ein.

Bedeutende spätere Gründungen

Zu den späteren Gründungen, die heute von Bedeutung sind, zählen in Deutschland die Firma Hutschenreuther und die Firma Rosenthal, in der Schweiz die Porzellanfabrik Langenthal.
Die Firma Lorenz Hutschenreuther AG wurde 1814 von dessen Vater, Karl Magnus Hutschenreuther, in Hohenberg an der Eger gegründet. 1856 verselbständigte sich Lorenz Hutschenreuther und gründete in Selb eine neue Produktionsstätte. Neben der Tafel- und Hotelgeschirrherstellung richtete man auch eine Kunstabteilung ein, deren heutige Erzeugnisse ebenso hoch geschätzt sind wie vergangener Zeit. Dank des stetigen Aufschwunges und durch den Ankauf verschiedener Werke wie Tirschenreuth, Bauscher in Weiden (der größten Spezialfabrik für Hotelporzellan), Schönwald und Arzberg gehört das Unternehmen heute zu den größten führenden Porzellanfabriken in Europa.
Die Firma Rosenthal wurde 1879 in Selb gegründet. Die heutige Firmengruppe Rosenthal Porzellan und Glas AG in Verbund mit Thomas

◁ 20
Teller mit unterglasurblauem Strohblumenmuster. Kopenhagen, 1780/1790. Hamburg, Museum für Kunst und Gewerbe

Porzellan und Glas AG ist das zurzeit führende Unternehmen in der Porzellanbranche in Deutschland. Die Haushaltgeschirre ebenso wie die Luxusartikel und Kunstobjekte, geschaffen von international bekannten Künstlern, sind von steigendem Wert.

Nachdem es in der Schweiz fast hundert Jahre keine eigene Porzellanproduktion gegeben hatte und der gesamte Bedarf eingeführt werden mußte, entschloß man sich 1906 zur Gründung einer Porzellanfabrik in Langenthal. Wenn auch die Anfangszeit schwer war, setzte sich der Betrieb doch durch und entwickelte sich zu einer der führenden Firmen. Die Porzellanfabrik Langenthal stellt sowohl Geschirre für den Haushalt – Service und Kochporzellan – wie auch Hotelgeschirr her, außerdem nicht in der Serie gefertigtes, besonders gekennzeichnetes Manufakturporzellan.

DER WERKSTOFF KERAMIK

Der Grundstoff aller keramischen Erzeugnisse ist der Ton. Dieses Verwitterungsprodukt feldspathaltiger Gesteine mit seinem chemisch gebundenen Wasser wird unter Zusatz von Wasser bildsam, durch Austrocknung fest und bei hoher Temperatur sehr hart. Nach der Beschaffenheit des gebrannten Scherbens werden Keramiken in zwei große Gruppen eingeteilt: 1. in poröse, 2. in dichte Tonware. Als porös bezeichnet man eine Tonware, wenn sie einen erdigen, matten Bruch aufweist, der Wasser aufsaugt. Dazu zählen das Irdengut (Irdenware) und das Steingut. Dichte Tonwaren dagegen haben einen gesinterten Scherben mit glänzendem Bruch und nehmen kein Wasser auf. Sie sind auch ohne Glasur wasserundurchlässig. Zu dieser Gruppe gehören das Steinzeug und das Porzellan. Beide große Gruppen unterteilen sich noch in Baumaterialien und Geschirrwaren. Zur 1. Gruppe, dem Tongut, gehören Ziegel aller Art, einschließlich feuerfester Hohlwaren, sowie antike Geschirre, Fayencen, Ofenkacheln und feuerfeste Geschirre. Zur 2. Gruppe, dem Sinterzeug, zählen Klinker, Fliesen, elektrotechnische Erzeugnisse (Isolatoren) sowie Geschirre, Gefäße aus Steinzeug und alle Erzeugnisse des Hart- und Weichporzellans.
Das Steingut wurde Anfang des 18. Jahrhunderts in England erfunden und ist bis heute durch die Wedgewood-Erzeugnisse weltberühmt. Es besitzt einen weißbrennenden, aber porösen, harten Scherben von gleichmäßiger Feinheit. Die meist durchsichtige Blei-Bor-Glasur macht das Geschirr dicht und gebrauchsfähig. Im Gegensatz zu anderen Keramiken wird das Steingut in einer höheren Temperatur (1250°C) verglüht und in einem schwächeren Brand (1000°C) die Glasur aufgeschmolzen. Wegen des niederen Glasurbrandes kann die Unterglasurmalerei bereits farbenreich gestaltet werden.
Das Steinzeug ist seit dem frühesten Mittelalter aus Deutschland bekannt und entwickelte sich besonders im Rheinland, im Westerwald und in der Bunzlauer Gegend, wo Steinzeugton gefunden wurde. Sein Scherben ist dicht. Als besondere Eigenart wird eine Salzglasur angewendet, die durch Bierkrüge mit Kobaltmalerei bekannt geworden ist. Die unglasierte Ware wird zunächst bei 1200°C dicht gebrannt, dann wird Salz in den Ofen geworfen, das durch die Hitze verdampft und sich als Glasur über den Scherben legt.
Das Porzellan kann wie folgt beschrieben werden: glasiertes oder unglasiertes keramisches Erzeugnis mit dichtem, völlig verglastem Scherben, in dünner Ausführung transparent und von weißer Farbe, selten

schwach grau oder gelblich getönt. Die Hauptbestandteile des Masseversatzes bei Porzellan sind ca. 50% Kaolin, ca. 25% Quarz und ca. 25% Feldspat. Die Glasur enthält neben den gleichen Grundstoffen auch die Flußmittel Kalkspat, Dolomit, Magnesit und gemahlenen Scherben aus Produktionsabfällen.

Die weißbrennende Porzellanerde (Kaolin) ist wie Ton ein Verwitterungsprodukt feldspatreicher Gesteine, jedoch ohne Verunreinigungen. Feldspat umschmilzt bei hoher Glut die beiden anderen Bestandteile des Porzellans und verbindet alles zu einer glasigen Grundmasse. Hochgebranntes, kaolinreiches und quarzarmes Hartporzellan, das weniger lichtdurchscheinend ist, eignet sich am besten für Aufglasurmalerei. Diese paßt sich dem erdig erscheinenden Material gut an und schwebt nicht frei auf der Fläche, wie es bei sehr transparentem Feldspatporzellan der Fall sein kann. Der Dekor dient der Schmückung und Belebung der Oberfläche. Mit sensibler Farbempfindung gilt es, Form und Stil des Porzellans zu unterstreichen und zu steigern. Die Malerei darf den Charakter des Objektes nicht verfälschen und nicht zu anspruchsvoll werden, damit nicht der Gegenstand in den Hintergrund tritt. Motiv, Farbe und freie Fläche müssen einander im harmonischen Verhältnis zugeordnet bleiben.

DIE VERZIERUNG DES PORZELLANS

Die Unterglasurmalerei

Die Technik der Unterglasurmalerei zählt zu den materialgerechtesten bei der Verzierung überhaupt, ist aber durch eine sehr begrenzte Farbpalette eingeengt. Das geformte Rohporzellan wird nach dem Trocknen bei 900° C verglüht. Dadurch erreicht der Scherben eine gewisse Stabilität und vor allem Saugfähigkeit. Sie ist die Voraussetzung, daß dem Malpinsel genügend Farbmenge entzogen werden kann. Der bemalte Glühscherben wird mit roher Schlickerglasur überzogen. Im anschließenden Gutbrand verbindet sich alles auf das innigste. Die schützende Glasur widersteht allen normalen Beanspruchungen des Gebrauchs, und die Malerei kann nur durch Scherbenbruch zerstört werden.

Farben und Malmittel

In der Hauptsache sind es die Oxide des Kobalts und des Chroms, die der benötigten Temperatur von über 1400° C bei Hartporzellan standhalten. Kobaltoxide sind schwarz oder grauschwarz und werden durch den Einfluß der Glasur beim Brand intensiv blau. Chromoxid hat eine stumpfgrüne Farbe und erscheint durch die Glasur je nach Beimengungen sattgrün bis hellgrün. Feuerbeständig sind auch einige Edelmetalle oder deren Oxide (Gold ist rötlich-braun, Iridiumoxid schwarz, Platin grau) und Verbindungen des Eisens, Mangans, Nickels, Urans und Kupfers. Für das Hartporzellan gibt es in der Unterglasurpalette kein Rot. Bei Weichporzellan erreicht man mit Kupfer ein leuchtendes Blutrot (*sang de bœuf* = Ochsenblut), das jedoch nur auf der Glasur angebracht werden kann und beim Brand abfließt (Laufglasur-Effekt). Die Unterglasurfarben werden mit Wasser und den Malmitteln Zucker, Glyzerin oder Sirup zubereitet. Diese Zusätze verleihen der Farbe Geschmeidigkeit beim Malen und verhindern ein Abschwimmen beim Glasiervorgang. Außerdem kann die Farbe mit der Spritzpistole aufgesprüht werden. Eine kleinere Konstruktion der Pistole ist der Aerograph. Dieser wird vor allem in der Landschafts- und Figurenmalerei für flächige und verlaufende Farbtöne benutzt.

Pinsel

Die rauhe Oberfläche des Verglühscherbens hat einen schnellen Verschleiß der Pinselhaare zur Folge. Zum Ziehen der Konturen, wie sie in der Blaumalerei häufig angewandt werden, benötigt man daher Pinsel aus robustem Rindshaar. Um eine gleichmäßige und länger anhaltende feine Strichlänge ausführen zu können, muß man einen großen Kielpinsel eigens dafür selbst präparieren. Man schneidet dem auf einer Glas- oder Porzellanplatte (Teller) fächerartig breitgedrückten »Konturpinsel« etwa 1 cm unter der Spitze die äußeren Haare ab, so daß zum Schluß nur noch einige Spitzenhaare in der Mitte herausragen. Dadurch gibt der dicke Pinselkörper die Farbmenge langsam ab. Zum Füllen der Flächen innerhalb der Konturen mit stark verdünnter Farbe verwendet man Fehhaarpinsel, ebenso für Strichelungen oder Effektpunkte, jedoch in kleinerer Ausführung. Für Linien, die mit Hilfe der Drehscheibe angebracht werden, eignen sich Rindshaarpinsel am besten. Schließlich haben in Blech gefaßte Schweinsborstenpinsel in verschiedenen Größen ein großes Anwendungsgebiet. Die auf den rohen Scherben angespritzten Farbflächen können mit diesem widerstandsfähigen Material malerisch aufgehellt und auch wieder ganz entfernt werden. Diese Technik benützt man hauptsächlich in der Figurenmalerei.

Die Pause

Ein Muster für Unterglasurmalerei kann mit Holzkohlestift oder mit üblichem Bleistift auf dem verglühten Gegenstand entworfen oder auch von Papier übertragen werden. Dazu fertigt man sich eine Pause aus Transparentpapier an. Will man den gezeichneten Dekor nur bis zu dreimal wiederholen, legt man die Pause an den Gegenstand, schiebt ein eingestrichenes Graphitpapier mit der Farbseite nach unten dazwischen und führt die Zeichnung mit einem harten Bleistift oder Kugelschreiber nach. Als Halterung eignet sich Plastilin oder Wachs. Für mehrere Wiederholungen sticht man die Kontur auf einer Filzunterlage mit einer Nadel nach, die in einen Pinselstiel eingelassen ist, oder man verwendet eine Gravurnadel. Die Rückseite der nun rauhen Pause glättet man mit Sandpapier, damit sich die Löcher beim Anlegen nicht wieder schließen. Ist für längere Zeiträume stabileres Material erforderlich, benützt man für die Lochpause eine dünne Zinnfolie (Staniol). Die Übertragung kann mit Hilfe eines Leinenbeutels mit Ruß, feingeriebener Holzkohle oder Graphit erfolgen, mit dem man die angelegte Pause betupft. Die Dekorlinien werden dadurch als Punktreihung auf dem Scherben sichtbar. Auch eine in Ruß getauchte Rolle Filz erfüllt den Zweck. Es dürfen nur Materialien verwendet werden, die nach dem Brand keine Rückstände zeigen.

Der Arbeitsplatz des Unterglasurmalers

Im wesentlichen ist der Arbeitsplatz derselbe wie der des Aufglasurmalers, der später eingehender behandelt wird. Das Verglühgeschirr reflektiert im Gegensatz zur Fertigware nicht grell weiß, sondern wirkt stumpf. Deshalb kann man mit jedem zur Verfügung stehenden Raum zufrieden sein. Vorhänge regulieren die Lichteinwirkung. Vor dem Bemalen muß das verglühte Porzellan mit Preßluft abgestaubt werden. In Betrieben benützt man eine Absaugvorrichtung, um gesundheitlichen Schaden (Silikose) zu vermeiden.

Die Kobaltmalerei

Die Kobaltmalerei mit ihrer faszinierenden und materialgerechten Wirkung ist ein seit den Anfängen wesentlicher Bestandteil der Porzellandekoration. Das schwarze Kobaltoxid löst sich im Brand bei hoher Temperatur im Glasurüberzug des Porzellans vollkommen tintig auf. Die unterschiedliche Farbstärke einer Malerei wird deshalb in weichen Übergängen wiedergegeben und läßt oft interessante Zufälle entstehen. Eine zusätzliche hohe und notwendige Ausbrenntemperatur wird erspart, wenn die Dekoration auf dem bei 900° C verglühten Scherben vor dem Glasiervorgang angebracht wird. Dieser Unterglasurkobalt bleibt im Gegensatz zum Aufglasurkobalt, der auf das fertiggebrannte Stück gemalt wird, etwas schärfer in den Konturen stehen. Die Malerei selbst kann mit Pinselstrichcharakter ebenso interessant wirken wie Muster mit Linien, Konturen und Flächen unterschiedlicher Farbabstufungen oder Schattierungen. Diese Technik des Malens auf den rohen Scherben hat für den Maler einen kleinen Lern- und Übungsprozeß zur Voraussetzung.
Das Kobaltoxid wird mit Wasser verrührt und verdünnt. Der stark saugende Scherben zieht sehr schnell die Flüssigkeit aus dem Pinsel. Ein langsam gezogener Strich ist deshalb dunkler als eine flinke Bewegung. Erschwerend ist für die Beurteilung der Malerei, daß nur hauchdünne Farblagen einen erkennbaren Unterschied vor dem Brand ermöglichen. Dunkle Lagen werden erreicht, wenn die Farbe noch glattgestrichen werden konnte. Rauhe oder gar aufgetürmte Lagen werden von der

Glasur nicht verarbeitet, sie können sich in ihr nicht entwickeln und bleiben als schwarze und matte Flecken nach dem Brand sichtbar. Es bedarf auch der Übung, die Farbe in der richtigen Konsistenz mit Wasser und evtl. mit Zucker, Sirup oder Glyzerin zur Verzögerung des allzuschnellen Ansaugens während des Malens zu mischen. Die Malmittel vermindern jedoch die Saugfähigkeit des Scherbens bei dem späteren Glasiervorgang und erhöhen bei zu intensiver Verwendung die Fehlerquellen. Das Mischungsverhältnis ist richtig, wenn die angetrocknete Malerei nur etwas mit dem Finger verwischt werden kann. Korrekturen können notfalls mit einem schrägen Schabmesser erfolgen. Tiefe Scherbenverletzungen sollten dabei auf jeden Fall vermieden werden, da sie auch nach dem Brand kenntlich bleiben. Für Konturen und Linien verwendet man einen Rindshaarpinsel, dem man die Außenhaare ringsherum 1 cm abschneidet und nur die Mittelhaare als dünne Form bestehen läßt. Dies ermöglicht eine verhältnismäßig lange Ausdauer im Farbfluß. Zum Ausmalen der Flächen (Blässen) verwendet man einen in der Spitze rundgeformten Malpinsel aus Fehhaar.
Das berühmte Zwiebelmuster von Meißen (Abb. 130) kann in dieser Unterglasurtechnik, aber auch in Aufglasurtechnik mit einem zusätzlichen Scharffeuerbrand erstellt werden.

Schablonenmalerei

Chromoxidgrün, die zweite bedeutende Farbe in der Unterglasurtechnik, liegt als deckendes, körperhaftes Pigment zwischen Scherben und Glasur und löst sich im Gegensatz zum Kobaltoxid nicht auf. Es ist nicht in Farbtöne abstufbar und kann nur als dickgelegte silhouettenhafte Fläche oder als Kontur erscheinen. Aus dieser Eigenschaft hat sich die Schablonenmalerei als rationelle Methode geradezu ergeben. Eines der bekanntesten und beliebtesten Muster, das mit dieser Technik hergestellt wird, ist das grüne Weinkranzmuster. Für die flächigen Blätter verwendet man stärkeres Schablonenpapier, das zur besseren Haltbarkeit mit Leinölfirnis und mit festen Zusatzstoffen wie etwa Mennige präpariert wird. Durch die aufgelegte Pause schneidet man daraus mit einem scharfen Messer die Blätter aus und gewinnt so die Schablone. Die Erstellung der richtigen Farbkonsistenz ist hier ebenso wichtig wie bei der Kobaltmalerei. Im Mischungsverhältnis von Wasser und Zuckerkleister liegt ein Großteil des Gelingens. Nach der Bruchkontrolle des Scherbens, die durch Klopfklang erfolgt, und der Entstaubung wird der Gegenstand mit einer Bleistiftlinie als Ansatzmarkierung des Dekors versehen. Das kann auf der Drehscheibe geschehen. Danach wird die vorher in Wasser eingeweichte Schablone angelegt und mit der linken Hand festgehalten. Nun beginnt das zweimalige Überstreichen der suppigen Farbe mit dem Borstenpinsel. Aus technischen Gründen kann die Schablone immer nur kurz sein. Deshalb ist bei der Erstellung auf den Anschluß der einzelnen Partien und beim Zusammenschluß des Kranzes auf Harmonie zu achten. Nach Gebrauch wird die Schablone mit einem feuchten Schwamm gesäubert und zwischen Löschpapier getrocknet. Bei vorsorglicher Behandlung bleibt sie lange erhalten. Die übrige Feinarbeit, die verbindenden Reben, Stiele oder Blattrippen werden mit einem kleinen Rindshaarpinsel frei ausgeführt. Dabei tönt man das Grün mit Schwarz ab, die Blattrippen und die spiraligen Ranken werden ganz in Schwarz gemalt.

Die Scharffeuermalerei

Sie ist das Bindeglied zur Aufglasurmalerei. Technik und Malmittel werden auf dem fertig gebrannten Scherben in gleicher Weise angewandt wie bei der Aufglasurmalerei, lediglich die Farboxide mit ihren notwendigen Beimengungen entsprechen wegen der hohen Einbrenntemperaturen, bis zu 1380° C, den Unterglasurfarben. Sie sinken in die weiche Glasur ein oder lösen sich darin auf. Diese Dekoration ist ebenfalls nicht durch mechanische und chemische Beeinflussung zerstörbar und eignet sich deshalb ganz besonders für Gebrauchsgeschirr mit Spülmaschinenreinigung. Als weitere Variante hat sich das sogenannte Schnellbrand-Verfahren entwickelt. Es beruht auf der gleichen Wirkung des Einsinkens der Farbe in die Glasur durch kurzen Aufenthalt im Tunnelofen bei Temperaturen von 1050–1250° C. So gewinnt man bereits eine weite Palette von anwendbaren Farbtönen, unter anderem auch Rot und Purpur. Kobaltblau zeigt dabei noch nicht seine fließende Kontur und wirkt noch als strenges Blau. Erst bei höherer Temperatur entwickelt es seine unnachahmliche Weichheit und elegante Kühle, die dem Charakter des Porzellans voll entspricht. Zur Scharffeuermalerei eignet es sich am besten. Die glasierte Oberfläche des Porzellans erfordert ölige Malmittel, wie sie bei der Aufglasurmalerei beschrieben werden, nämlich Terpentinöl und Dicköl. Ebenso sind die Malgeräte die gleichen. Die Maltechnik mit Kobaltscharffeuerfarbe unterscheidet sich nicht von der mit Schmelzfarbe. Der malerische Eindruck entsteht durch die Schattierung im Hell-Dunkel-Wert. Der Maler achte darauf, daß Kobalt beim Einbrennen »ausstrahlt«, das heißt seine Kontur fließt aus und wirkt nach dem Brand stärker. Als Folge muß allgemein härter und kontrastreicher gemalt werden als bei der Aufglasurmalerei, bei der die Farben exakt stehen bleiben. Die durch den Brand erreichte Weichheit ergibt weitgehend den Eindruck von Unterglasurmalerei, der Laie vermag die Technik kaum zu unterscheiden. Das Zwiebelmuster ist ein Beispiel dafür, daß ein in dieser Technik gefertigtes Stück einem in der anderen gemalten in der Wirkung verblüffend gleicht.

Der Fond

Ein Fond ist ein gleichmäßig aufgetragener Farbgrund, der durch Stupfen (Stuppen) oder Spritzen erreicht werden kann. Der Spritzfond empfiehlt sich zur Erzielung großer Stückzahlen. Diese Methode erfordert neben der guten Absaugvorrichtung mit einem Glaskasten noch eine kurze Tisch-Drehscheibe, einen Luftkompressor und eine Spritzpistole. Die Farbe wird mit eigens dafür im Handel angebotenem, schnelltrocknendem Spritzlack und mit Terpentinöl ziemlich dünnflüssig

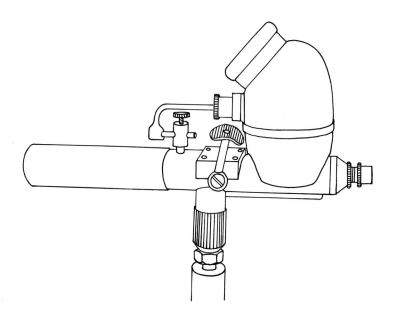

21
Die Spritzpistole dient zur Herstellung von Fondflächen und farbverlaufenden Randverzierungen. In der Unterglasurmalerei wird sie besonders häufig in der Figuren- und Landschaftsmalerei verwendet.

gemischt. Der Sprühstrahl der Pistole wird bei etwa 4 Atü auf das auf der Scheibe sich drehende Porzellanteil gerichtet und in gleichmäßig ruhiger Bewegung von oben nach unten und bei zu dünner Lage eventuell auch noch in Gegenrichtung angespritzt. Dies und auch das richtige Gefühl für das Mischungsverhältnis von Farbe, Terpentinöl und Spritzlack erfordern eine gewisse Einübungszeit. Bei Störungen der Pistole ist die Kenntnis der Konstruktion und der Pflege notwendig. Vor Beginn spritzt man erst eine Punktfläche als Probe und beurteilt die Farbkonsistenz. Der auslaufende Rand muß matt erscheinen, während die Mittte glänzen soll. Punkte bedeuten zu wenig, Ringwirkung in der Farbfläche oder gar ein Abfließen zeigt zuviel Terpentinöl an. Ist alles matt, wurde zu wenig Spritzlack beigemischt, bei vollem Glanz zuviel.

22
Farbstupfen ist die herkömmliche Methode, einen Fond herzustellen. Der Ballen besteht aus feinem Leinen (Gaze) und ist mit Schafwolle gefüllt.

Das Farbstupfverfahren ist die älteste Art des Fondlegens und für kleinere handwerkliche Arbeiten eines Malers die geeignete Methode. Nach der Reinigung des Porzellangegenstandes streicht man mit einem weichen Fondleger-Pinsel die gewünschte Fläche möglichst gleichmäßig mit der mit Dicköl und einigen Tropfen Nelkenöl aufbereiteten Farbe ein. Anschließend vertreibt man sie klopfartig in kreisförmiger Richtung mit einem Stupfpinsel, größere Flächen mit einem Ballen. Dieser besteht aus einem feinen weichen Leinen- oder Gazelappen, der mit Schafwolle gefüllt ist. Am Ballen entsteht nach kurzer Benützung eine glatte Farbschicht, die großzügiges Arbeiten ermöglicht. Nach Beendigung wird die Gaze mit Wasser und Seife wieder gesäubert.

Abdecklack

Um Fondflächen scharf abgrenzen zu lassen, streicht man einen wasserlöslichen Abdecklack, am besten mit einem Rindshaarpinsel, auf die freibleibenden Stellen. Dieser zähe und meist anilinrot gefärbte Lack läßt sich leicht auftragen und nach Beendigung des Fondlegens als Film abziehen. Wegen intensiver Fleckengefahr auf Kleidern ist bei der Verarbeitung größte Vorsicht geboten.

Die Aufglasurmalerei

Diese Maltechnik auf dem fertigen Porzellangegenstand ist die am meisten angewandte im traditionellen Sinn. Sie ist die farbenprächtigste und prunkvollste Form der möglichen Verzierungen und gestattet durch die niedere Einbrenntemperatur fast die gesamte Farbskala mit allen Zwischentönen. Außerdem ist hier die Anwendung von Edelmetallen wie Gold, Silber und Platin möglich. Eine mißglückte Arbeit kann ungebrannt ohne Schaden mit Terpentin oder Spiritus aufgelöst und weggewischt werden. Das Schmelzen des Dekors bereitet kaum Schwierigkeiten. All das ist Grund genug, dem werdenden und interessierten Porzellanmaler diese Technik anzuraten. Durch mögliche Anfangserfolge bekommt der Amateur Freude und Mut zu weiteren Übungen.

Der Arbeitsplatz

Die »Porzellanmaler-Werkstatt« soll in Räumen eingerichtet werden, die große, nach Norden gerichtete Fenster haben. Stetige Blendwirkung des weißen Porzellans bei direktem Sonnenlichteinfall bewirkt neben der schlechten Sicht auch eine Schädigung der Augen. Bei nach Süden gerichteten Fenstern sind deshalb zur Abschirmung ganz helle Vorhänge, Rollos oder Jalousien anzubringen. Weiches Licht, ohne störende Reflexe am Porzellanstück, erhält man bei künstlicher Beleuchtung mit einer nach allen Seiten drehbaren Tischleuchte mit mattierter Glühlampe. Tageslichtbedingungen schafft eine Blauglas-Glühlampe von 100 Watt. Sie ist für feinere Arbeiten, wie die Blumenmalerei, sehr dienlich. Angenehmes Streulicht erzeugen auch helle, beziehungsweise weiße Wände. Als Arbeitstisch eignet sich ein Büroschreibtisch mit verschließbaren, schubladenartigen Seitenfächern für Malutensilien wie Paletten mit Farbe, die vor Staub zu schützen sind. Jeder normale Tisch kann ebenso verwendet werden, wenn ein zusätzlicher Tischkasten mit Fächern vorhanden ist. Um eine ruhige Hand beim Malen zu haben, benötigt man eine Armstütze, das sogenannte Bankett. Dafür wird ein etwa 80 cm langes und 25–30 cm breites Brett mit zwei Flügelschrauben oder Schraubzwingen an der rechten Tisch-

23
Der Arbeitsplatz des Aufglasurmalers

kante, im rechten Winkel wegführend, befestigt. Ein Bankett ermöglicht eine leichtere Handhabung beim Malen von kleinen und großen Stücken. Auf diesem Bankett liegen an der Tischseite die Palette, die Spachtel und der Pinsel. Zweckmäßigerweise wählt man einen höhenverstellbaren Drehstuhl. Ein gerader Rücken ermüdet wesentlich langsamer und beugt einer ungesunden Körperhaltung vor. Für gewünschte Linien- und Bänderdekorationen braucht man eine Ränderscheibe. Das ist eine mit der Hand leicht drehbare Scheibe, die für die unterschiedlichen Randhöhen der Porzellanteile vertikal verstellbar ist. Zwei kleine Döschen für Terpentinöl und für Balsam oder Dicköl gehören mit zur Grundausstattung. Um Verunreinigungen im

Dicköl zu vermeiden, dient ein Holzstiel zur Entnahme. Deshalb sollte eine Geleedose mit Deckelloch dazu ausgesucht werden. Sind nur kleine Tassen oder zylindrische Gefäße vorhanden, bedeckt man sie mit einem runden, starken Karton und führt in der Mitte dieses Dicköldeckels den Holzstiel straff durch. Erwähnt sei auch der staubfreie Lappen für Korrekturen. Sehr oft gewaschenes Leinen eignet sich besonders gut.

Pinsel

Das wichtigste Werkzeug des Porzellanmalers ist der Pinsel. Die Auswahl und die Verwendung müssen daher sorgfältig überlegt sein. Sie entscheiden mit über die Qualität der Arbeit. Hauptsächlichste Verwendung findet der Federkielpinsel aus Fehhaar (Kasanhaar). Es

24
Porzellanmalerpinsel in Originalgröße

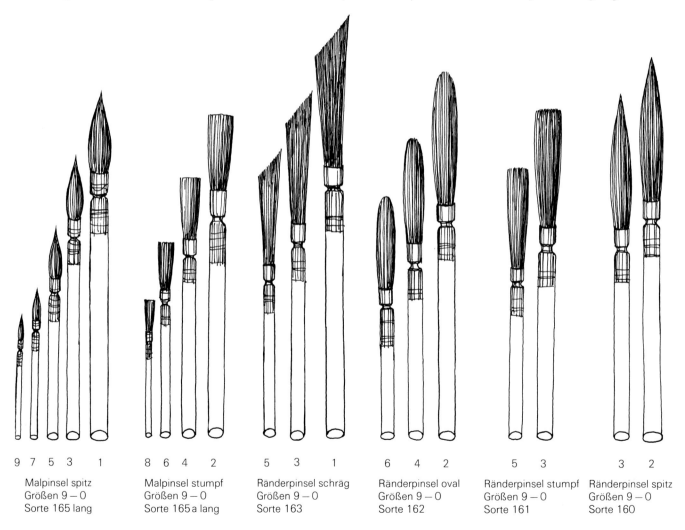

| 9 7 5 3 1 | 8 6 4 2 | 5 3 1 | 6 4 2 | 5 3 | 3 2 |

Malpinsel spitz
Größen 9 – 0
Sorte 165 lang

Malpinsel stumpf
Größen 9 – 0
Sorte 165a lang

Ränderpinsel schräg
Größen 9 – 0
Sorte 163

Ränderpinsel oval
Größen 9 – 0
Sorte 162

Ränderpinsel stumpf
Größen 9 – 0
Sorte 161

Ränderpinsel spitz
Größen 9 – 0
Sorte 160

stammt vom Schweif eines Eichhörnchens, das in Kanada und Sibirien lebt. Marderhaare sind als Aufsetzpinsel geeignet, die besonders präparierte Farben reliefartig auftragen. Mit dem Stupfpinsel erreicht man eine gleichmäßige oder verlaufende Farblage, indem man die Fläche ganz leicht betupft. Dazu eignet sich das Iltishaar. Aus Roßhaar besteht ein Streifer. Damit kann besonders leicht ein welliger Tellerbord mit einem gleichmäßig starken Rand versehen werden. Für Linien und Ränder auf Flächen gibt es den schräggebundenen Pinsel. Alle diese Erzeug-

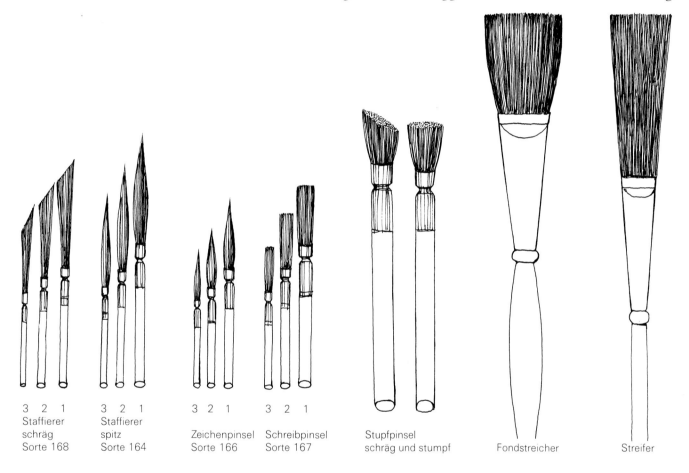

3 2 1
Staffierer
schräg
Sorte 168

3 2 1
Staffierer
spitz
Sorte 164

3 2 1
Zeichenpinsel
Sorte 166

3 2 1
Schreibpinsel
Sorte 167

Stupfpinsel
schräg und stumpf

Fondstreicher

Streifer

25
Porzellanmalerpinsel in Originalgröße

nisse werden in handwerklicher Arbeit hergestellt und sind im Fachhandel erhältlich. Trotzdem ist nicht jedes Produkt von vornherein brauchbar. Verkehrt eingebundene Haare verhindern eine organische Zuspitzung des Pinsels, verhalten sich borstig und arbeiten unsauber. Mit Geduld müssen diese, möglichst am Austritt aus dem Kiel, entfernt werden. Das geschieht auf folgende Weise: Der mit etwas Dicköl befeuchtete Pinsel wird auf der Palette oder einer glatten Porzellanunterlage fächerartig breitgedrückt. Mit der Pinselstielspitze isoliert man das verkehrt eingesetzte Haar, das zur Pinselspitze hin dicker wird statt dünner, und schneidet es mit dem rasierklingenartigen Radiermesser ab. Ebenso die Haare, die etwas über die Spitze hinausragen. Sie stören beim Ansatz und am Schluß des Striches durch ihr Nachziehen.

Auf den einwandfreien Zustand und die Beschaffenheit dieses wichtigen Arbeitsgerätes ist ganz besonderes Augenmerk zu richten. Dazu gehört auch die Pflege. Pinsel werden immer nach Beendigung des Malens von der Farbe befreit, in Terpentin gereinigt, auf einem sauberen Lappen ausgestrichen und zur geraden Spitze geformt. Eine Vase kann zur Aufbewahrung dienen. Saubere, an der Luft getrocknete Pinsel lassen sich verhältnismäßig leicht in Terpentinöl wieder erweichen, die mit Farbe hartgetrockneten dagegen lösen sich schwer. Spiritus kann hier helfen, ist aber wegen der dabei entstehenden Entfettung und Förderung der Brüchigkeit des Pinselhaares mit Vorsicht zu gebrauchen. Eine andere Methode zur Vermeidung harter Pinsel ist die Aufbewahrung in einer Blechschachtel, die mit frischhalteölgetränktem Stoff ausgelegt wird. Der wie oben gereinigte Pinsel wird vom Stiel getrennt, mit Nelken-, Lavendel- oder Anisöl getränkt und in exakt gerader Form verwahrt. Trotz der beibehaltenen Weichheit, würde sich eine verbogen gelagerte Spitze nicht mehr korrigieren lassen. Die weichen und elastischen Fehhaare federn nach jedem Pinseldruck in die Ausgangslage der Lagerung zurück.

Goldpinsel werden nicht ausgewaschen. Sie sind in einer gut verschließbaren Blechschachtel, mit Frischhalteöl betropft, am besten aufbewahrt. Sie dürfen niemals mit Farbe in Berührung kommen, da diese Verbindung Glanz und Aussehen beeinträchtigt. Die vorsichtige Handhabung bei der Farbaufnahme von der Palette trägt ebenfalls entscheidend zur Pflege bei. Das Sättigen des Pinsels soll immer so sein, daß man ihn in die Farbe taucht und in weicher Wellenbewegung auf sich zu führt. Dies gewährleistet auch, daß der Pinsel sich nicht zu sehr füllt und nicht tropfenartig Farbe abgibt. Niemals darf die Farbaufnahme durch Einstecken der Pinselspitze in den Farbbrei erfolgen. Die feinen Haare biegen sich nach außen oder brechen dabei ab, und der Pinsel wird struppig und arbeitet unsauber.

Die meisten der genannten Pinsel sind auf einen Kiel geschoben. Ursprünglich diente der Schaft einer Gänsefeder als Kiel, heute werden aber auch Kiele aus Plastikmaterial hergestellt. In diesen Kiel wird der hölzerne Pinselstiel geschoben (Abb. 26). Selbst der kleinste und dünnste Mal- und Zeichenpinsel sollte einen Stiel von 5 mm Stärke besitzen, damit stets eine gute Führung in der Hand möglich bleibt. Bei kleineren Kielen muß der Holzstiel dem Durchmesser des Kiels angepaßt werden. Nach Markierung der Kiellänge bis zum Haareinsatz schnitzt man den Holzstiel so viel enger und sauber rund, daß er noch straff in den Kiel paßt und einen festen Sitz des Pinsels gewährleistet. Unebenheiten werden vorher noch mit Sandpapier abgeschliffen, damit ein Aufplatzen des Kiels beim Ineinanderschieben vermieden wird. Nach der Montierung spitzt man das freie Stielende, damit kleine Korrekturen der gemalten Farbe auf Porzellan sofort ausgeführt werden können. Für alle in der Porzellanmalerei vorkommenden Arbeiten wurden besondere Pinselformen entwickelt. (Abb. 24 u. 25 zeigen eine Auswahl in Originalgröße.) Sie werden bei den jeweiligen Arbeitsanleitungen zum Gebrauch angeführt. Sollten im Fachhandel diese speziellen und notwendigen Pinsel nicht erhältlich sein, wendet man sich am besten direkt an einen Hersteller (siehe S. 176).

Malmittel

Auf gutgebranntem Porzellan sind ölige und harzige Flüssigkeiten als Beimengung zur Pulverfarbe nötig. Wasserlösliche Substanz würde abrollen oder abfließen. Eine getrocknete und damit verharzte ölige Farbauflage kann von einer weiteren Schicht filmartig übermalt werden, ohne daß sich die Unterlage gleich auflöst. Diese Eigenschaft hat bei der Blumenmalerei besondere Bedeutung. Nach der Anlage des Grundtones und der Trocknung besteht die Möglichkeit der Schattenübermalung, ohne einen Schmelzbrand dazwischen legen zu müssen. Erwähnt sei noch die Anwendung von Zucker und Glyzerin als Malmittel bei einer Zeichnung mit einer dünnen Feder. Angetrocknet kann sie mit öliger Farbe, ohne Gefahr der Auflösung, überstrichen werden.

Terpentinöl Hauptsächlichstes Malmittel ist Terpentinöl. Damit wird die Farbe angerührt und verdünnt und während der Arbeit malfähig gehalten. Es hat die Fähigkeit der Reinigung des Pinsels und der Palette. Terpentinöl kann fett oder mager sein. Fette Öle trocknen langsam und werden dabei dickflüssig (Dicköl). Damit verarbeitete Malereien sind länger der Verstaubung ausgesetzt, und bei zu früher Übermalung verschwimmen die Farben. Magere Öle sind im Strich »kurz« und trocknen schnell. Es fehlt die Geschmeidigkeit beim Anlegen einer Fläche.

Terpentin ist ein Naturprodukt aus den verschiedensten Nadelhölzern. Es ist das Harz aus Koniferen, Pinien und Kiefern und wird durch Destillation zu Terpentinöl. Die Herkunft, die Baumrasse, das Klima und die Art der Gewinnung entscheiden über die spätere Zusammensetzung. Jeder Maler wird mit der Zeit durch seine Malweise angeleitet, das jeweilige passende Produkt selbst zu wählen.

Dicköl Es entsteht durch langsames Verharzen des Terpentinöls und die Verbindung mit dem Luftsauerstoff. Es dient zur Zubereitung der Farbe und macht sie erst malfähig und geschmeidig. Das gleiche gilt für den Kopaivabalsam. Er ist das Harz des Kopaiva-Baumes, der in Südamerika zu finden ist. Dicköl wird am besten neben dem Terpentinölgefäß, in einer Geleedose, am Kopfende des Banketts griffbereit aufbewahrt. Der Deckel besitzt eine Öffnung, aus der der Holzstiel herausragt, der zur tropfenweisen Entnahme dienlich ist und das Öl vor Verunreinigungen, wie zum Beispiel bei Direktaufnahme mit der Farbspachtel, schützt.

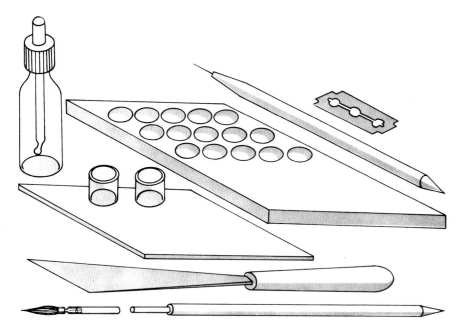

26
Zur Ausstattung eines Porzellanmalers gehören u. a. Pinsel, Spachtel, Glaspalette, Goldnäpfchen, Lochpalette, Radiernadel, Korrekturklinge oder Radiermesser, Pipettenflasche für diverse Öle.

Frischhalteöle Eine auf der Palette mit Terpentin- und Dicköl aufgespachtelte Farbe trocknet verhältnismäßig rasch. Frischhalteöle können das verhindern. Ein bis zwei Tropfen Nelkenöl genügen. Ohne häufiges Nachspachteln mit Terpentinöl bleibt die richtige Konsistenz damit lange erhalten. Das ist bei der Malerei aus der Lochpalette von besonderer Wichtigkeit. Nelkenöl ist wesentlich teurer als Terpentinöl, wird aber auch nur sparsam und nicht grundsätzlich bei allen vorkommenden Arbeiten verwendet. Der Anfänger soll alle Übungen erst ohne Zusatzöle beginnen, um so besser die Eigenheit der Öl-Lasur-Malerei kennenlernen zu können. In ähnlicher Weise wie Nelkenöl verhalten sich Rosmarin-, Lavendel- und Anisöl, doch sind sie dem Nelkenöl nicht ganz ebenbürtig. Zu breiten Banddekorationen kann Petroleum eine Hilfe sein. Dieses hält bei der Herstellung des Bandes auf der Drehscheibe die Farbe etwas länger frisch als Terpentinöl, trocknet aber dann viel schneller als andere Zusatzöle und verhindert somit ein Ablaufen oder Ausfransen der Farblage. Für flüssige Goldpräparate sind speziell angemischte Verdünnungsöle im Fachhandel erhältlich. Nur im Notfall kann man Terpentinöl verwenden.

Für Frischhalteöle sind Pipettenfläschchen praktisch. Damit lassen sich gut Tropfen bilden, und sie ermöglichen so eine sparsame Anwendung. Sie sind in Apotheken erhältlich.

Spachtel

Porzellanfarben sind nur in Pulverform erhältlich. Um sie malfähig zu präparieren, reibt man sie unter Zusatz von Terpentinöl mit einer Spachtel, bis eine feine kornlose Paste entsteht. Danach wird Dicköl beigemengt. Zu dieser Aufbereitung benützt man eine Spachtel mit rostfreiem, vorne abgeschrägtem Federstahlblatt und Holzgriff. Beim Erwerb achte man auf die Elastizität des Blattes. Eine unbiegsame oder sich zu leicht biegende Spachtel ist unhandlich. Nicht empfehlenswert sind solche, die aus anderen Materialien hergestellt sind, da sie Spuren in der Farbe hinterlassen können, ausgenommen Hornspachteln, die aber unbiegsam und nicht handlich sind.

Malpaletten

Um Farbe aufzuspachteln, braucht man eine ebene, glatte Fläche. Geeignetes Material dazu ist Glas und glasiertes Porzellan. Auch weiß glasierte Kacheln lassen sich verwenden und haben, wie Porzellan, den Vorteil der direkten Farbkontrolle vor der Verarbeitung. Glaspaletten sind in der Anschaffung am billigsten und können in der Größe nach den jweils vorhandenen Aufbewahrungsfächern geschnitten werden; den vorteilhaften Weißeffekt erzielt man dabei durch die Unterlage eines entsprechenden Papieres. Die oft noch rauhe Farbe erzeugt durch das Reiben bei der Zubereitung mit der Zeit eine Mattierung der Palettenoberfläche. Diese Rauhheit nützt bei der Farbaufnahme die feinen Pinselhaarspitzen schnell ab. Entweder wendet man nun die Palette oder wechselt sie aus. Die im Fachhandel erhältlichen Lochpaletten aus Porzellan oder Steingut dienen dem versierten Blumenmaler, der die verschiedenen Farben gleichsam verarbeitungsbereit vor sich haben will und teilweise frisch Farbe in Farbe malt und selbst mit dem Pinsel mischt. Bei Goldmalereien benötigt man zur Palette für Verdünnung und für das flüssige Gold je ein kleines Glas- oder Porzellannäpfchen, wie sie in guten Aquarell-Farbkästen vorhanden sind.

Radiergeräte

Ein Radiermesser soll eine zweiseitig geschliffene Stahlklinge besitzen, mit der man Korrekturen an getrockneter wie auch an frischer Malerei vornehmen kann. Mit ebensolchem Erfolg kann man eine Rasierklinge benutzen. Angetrocknete Farbe splittert und staubt bei der Entfernung vom Porzellan. Die anschließende Reinigung muß daher peinlich genau vor dem Schmelzbrand erfolgen. Das gleiche gilt bei der Anwendung einer Kratzfeder oder einer Radiernadel. Letztere kann vom Maler selbst angefertigt werden, indem er eine Nähnadel in einen Pinselstiel schiebt. Sie dient auch zur Entfernung von Staubteilchen auf Malereien.

Stahlfeder

Für ganz feine Linien, wie sie zum Beispiel bei der Konturmalerei erforderlich sind, eignet sich eine Stahlfeder sehr gut. Es ist die gleiche, die man für Federzeichnungen mit Tusche verwendet. Mit ihr kann flott und gleichmäßig ein Strich gezogen werden, und sie ist bei dieser Anforderung dem Pinsel weit überlegen. Es gibt reizvolle Dekore, die nur mit der Feder gezeichnet sind und eventuell noch mit einem Halbton versehen wurden. Auch Goldkanten werden teilweise mit der Feder ausgeführt. Näheres ist aus der Anleitung zum Zeichenfederdekor (siehe S. 129–131) zu entnehmen.

Allschreiber

Der Aufglasurmaler benützt zum Anzeichnen und zur Markierung einen eigens dafür entwickelten Stift, den Stabilo-Allschreiber. Normaler Bleistift (Graphit) ist auf Porzellan nur zu erkennen, wenn die Glasur einen oft unsichtbaren Belag hat. Im Notfall erzeugt man ihn künstlich, indem man mit einem terpentinölhaltigen Lappen ganz dünn anwischt und antrocknen läßt. Setzt man eine Federzeichnung darauf, ist dieser Film jedoch störend. Er verstopft die Feder. Ein Pinsel gleitet ohne weiteres darüber hinweg. Bei zu kräftiger Anzeichnung mit dem Stabilo-Stift streicht man teilweise den Graphit in die Farbe und kann dadurch die tatsächliche Farblage schlecht beurteilen. Graphit verbrennt im Schmelzfeuer.

Farblappen

Zu den Malutensilien gehört auch ein Farblappen. Er ist ein wichtiger Bestandteil der technischen Hilfsmittel für die Handmalerei. Nach jeder Pinselreinigung streicht man das Terpentinöl darin aus, um den Pinsel nicht mit starker Verdünnungsflüssigkeit in die nächste Farbe zu tauchen. Mißlungene Malerei wird mit einem Lappen entfernt und mit einem sauberen nachgewischt, um Farbspuren später nicht einzubrennen. Natürlich werden auch die Spachtel und die Palette mit Lappen gereinigt. Aus all den Gründen benötigt man staubfreien, das heißt nichtfasernden Stoff, wie zum Beispiel altes oder öfter gewaschenes, weiches Leinen in handlicher Größe.

Die Schmelzfarben

Im Gegensatz zu den Scharffeuer- und Unterglasurfarben, die bei der hohen Einbrenntemperatur eine Verbindung mit der Glasur eingehen, braucht die Aufglasurfarbe einen Schmelz, der den Farbkörper oder die färbenden Metalloxide bei der niederen Temperatur zwischen 720–840°C an die Glasur bindet. Dieses leicht flüssige und durchsichtige, gefrittete Glas nennt man Fluß. Diese Grundsubstanz bestimmt im Mischungsverhältnis mit dem Farbträger (etwa ein Teil Farbkörper und bis zu vier Teile Fluß) den Tonwert einer Aufglasurfarbe. Der Maler bestimmt durch die Stärke des Farbauftrags alle Abstufungen bis hin zum Weiß. Oxide können nach dem Schmelzgrad tintig durchsichtig oder als Farbkörper pigmenthaft erscheinen. Letztere wirken lackartig deckend.
Die chemische und mechanische Widerstandskraft ist bei Aufglasurfarben das große Problem. Spülmittel in der heutigen Form, in besonderem Maße solche für Spülmaschinen, lösen Handmalereifarben in verhältnismäßig kurzer Zeit von der Glasur ab. Es gibt eigens entwickelte resistente Produkte der Farbhersteller, die dieser scharfen Beanspruchung länger standhalten. Leider hat die Farbe dabei durch den zwangsläufig anders gearteten gefritteten Farbfluß und die Entnahme des Bleis ihre ganze Geschmeidigkeit und Brillanz verloren, so daß sie nicht mehr malbar ist. Sie eignet sich nur noch zum Spritzen und zum Drucken.

Für Handmalereien werden von großen Farbherstellern gut malbare Farben angeboten. Sie sind im Fachhandel erhältlich.

Farbenmischung

Die Mischbarkeit der Farben in der Porzellanmalerei ist außergewöhnlich vielfältig. Der Erfolg ist von der Handhabung, von der Erfahrung des Malers und von der Art des Brandes abhängig. Porzellanfarben haben fast ausnahmslos beim Auftrag eine andere Tönung als nach dem Einschmelzen. Der Maler muß deshalb auf Grund seiner Erfahrung die Farbwirkung im voraus erkennen. Wiederholungen des gleichen Dekors führen dabei schnell zu dieser Sicherheit. Werden Farben willkürlich übereinandergestrichen, muß mit Überraschungen gerechnet werden. Der Anfänger kann zuerst enttäuscht sein. Diese Mißerfolge sind aber der Grundstock für sein späteres Know-how, das er für seine interessante Tätigkeit braucht, die ihm bei Ausdauer viel Freude machen wird.
Werden Farben gleicher Tönung von unterschiedlichen Herstellern zusammengemischt, können sie einen völlig anderen Wert ergeben, als man sich vorstellt. Verschiedenartige chemische Zusammensetzungen haben eine Abweichung zur Folge. Deshalb ist es ganz besonders für den Beginn wichtig, daß man bei Erwerb der ersten Farben auf eine bestimmte Palette eines Herstellers achtet und die Erweiterung der Farbskala nur danach orientiert.
Am Beispiel der Mischung zweier Farben mit verschiedenen Auftragstechniken kann die Beeinflußung des Tones durch den Maler demonstriert werden, indem beide Farbe auf der Palette mit Öl vermischt werden. Nach dem Schmelzbrand ergibt diese Mischung eine andere Wirkung, als die gleichen Farben getrennt auf Porzellan übereinander gestrichen. Auch die Reihenfolge der beiden Farben kann wegen ihrer jeweiligen Deckkraft von Bedeutung sein. Die nächste Variante ergibt sich nach dem Anstrich der ersten Farbe durch einen Zwischenbrand vor der zweiten Farbe. Dabei ist es ebenfalls nicht uninteressant, welche Farbe oben und welche unten liegt. Weitere Variationsmöglichkeiten liegen noch in der Stärke der Farblage und in der Farbmischung. Diese zum Teil auch für einen erfahrenen Maler Überraschungen bergende Tatsache ist für die naturalistische Malerei von ganz besonderer Bedeutung, weil sich die angeführten Möglichkeiten laufend überkreuzen. Ein Meister dieses Faches erreicht jede gewünschte Farbnuance.
Purpur, ein Goldprodukt, ist nicht nur wegen seines Preises kostbar. Die brillante Rosenfarbe gibt es in vielen Abstufungen sowohl hart als

27
Dieses Beispiel von 11 verschiedenen Farben zeigt, wie zwei unterschiedliche Farbtöne, ohne Zwischenbrand abwechselnd unterlegt und überlegt, reagieren.
Senkrechte Reihung = 1. Lage, waagrechte Reihung = 2. Lage

auch weich fließend. Ein Purpurband oder Purpurfond in Verbindung mit Gold vermittelt dem Porzellan Festlichkeit und Reichtum. Purpur kann vielen Farben zur Abstimmung des Farbtones beigemischt werden. Tückisch ist dabei seine stumpfbraune Färbung. Erst nach dem Brand bemerkt man die Durchschlagskraft dieses leuchtenden Rot.
Blaue Farben sind mit anderen ebenfalls gut mischbar und zuverlässig. Besonders gut und gern mischt man Purpur hinzu, was zum Violett führt. Die im Handel erhältlichen schönen Violett-Präparate sind jedoch als Mischung in ihrer Leuchtkraft nicht zu erreichen. Mit Gelb und Blau erzielt man wunderbare blaugrüne Abstufungen. Auszuschließen sind Beimengungen mit Eisenrot, das als unangenehmer, schmutziger Farbton reagiert. Sehr zu bedenken sind Vermengungen von warmen Tönen wie Gelbgrün, Gelb, Gelbrot, Ocker und Braun. Das teilweise als färbende Substanz enthaltene Eisenrot löst sich bei der Erhöhung des Flußanteils durch die anderen Farben auf. Daher ist es ratsam, diese Farben rein zu verwenden. Orange, Zinnoberrot bis Dun-

kelrot sind nicht mit anderen Farben mischbar. Diese Töne erreichen nur in stärkerer Lage als deckende, lackartige Fläche ihre volle Leuchtkraft. Ein eventuelles Übermalen mit anderer Farbe ist nur bedingt möglich. Im Schmelzfeuer darf mit diesen Farben kein flüssiges Edelmetallpräparat stehen. Eine chemische Reaktion läßt die roten Töne verblassen.

Diese kurzen Hinweise auf Eigenschaften und Fähigkeiten der einzelnen Farbprodukte sind Anhaltspunkte für eigene Experimente, die zur Erweiterung des Erfahrungsbereiches führen. Selbst ein geübter Maler wird immer mit Spannung das Ergebnis seiner Malkunst nach dem Brand erwarten.

Edelmetallpräparate

Seit jeher waren die Begriffe Porzellan und Gold eng miteinander verbunden. Die ersten Stücke, die von China kamen, wurden buchstäblich mit Gold aufgewogen. Der Erfinder des europäischen Porzellans war seines Zeichens Alchimist und hatte den Ruf eines Goldmachers. Er übertrug auch den Begriff »Arkanum« von der geheimnisumwitterten Goldherstellung auf das Rezept des Porzellans. Erste Erfolge in der Porzellanvergoldung traten nach anfänglichen Goldlackierungen etwa um 1717 ein, wobei auch gleichzeitig brauchbare Schmelzfarben zustande kamen. Mit der Erfindung des Glanzgoldes 1827 durch Kühn in Meißen wurde die Qualität der Goldprodukte gehoben.

Glanzgold, eine schwarzbraune, zähe, nach verschiedenen Ölen riechende Flüssigkeit, hat nach dem Brand sofort Hochglanz durch seine hauchdünne Goldlage. Es besteht aus aufgelöstem Gold in Königswasser, wird in Schwefelbalsam übergeführt und mit 5–10% Wismut als Flußmittel versetzt. Flüssiges Glanzgold hat zum allgemeinen Gebrauch 12% und kann 6–24% Goldgehalt besitzen. Es wird in sattbrauner Lage gestrichen.

Poliergold baut sich auf Glanzgold auf. Ausgefälltes Gold wird dem Glanzgold beigemischt, bis es im flüssigen Zustand bis zu 60% erreichen kann. Zusatzmittel sind Asphalt zur besseren Sichtbarmachung, Lavendelöl zur Malbarkeit und Quecksilberoxid mit Ruß, welches mit Gold ein Amalgam bildet und das Gold bei ungleichen Streichlagen besser verteilt. Nach dem Brand sieht das Gold matt aus und muß mit einer Glasbürste oder mit Seesand poliert werden. Für wertvolle Arbeiten sollte der – auf der Flasche angegebene – Feingoldgehalt 30% betragen, damit ein nochmaliges Überdecken und Brennen wegen zu dünner Lage vermieden wird. Poliergold ist in vier verschiedenen Farbtönungen erhältlich. Es ist verarbeitungstechnisch verhältnismäßig leicht zu bewältigen. Dieses zähflüssige, schwarzbraune Produkt eignet sich besonders zur Vergoldung von Gefäßrändern und für Staffagen an Henkeln oder Barockornamenten. Nach längerem Stehen setzt sich in dem Fläschchen ein Teil des Feingoldgehaltes am Boden ab. Deshalb muß es vor Gebrauch unbedingt geschüttelt werden.

Poliergold widersteht am besten chemischer Beanspruchung und hält gegenüber allen anderen Edelmetallpräparaten am längsten der mechanischen Abnützung stand.

Malergold bekommt man in Pulverform. Es wird wie Farbe mit Terpentin- oder Dicköl angemischt. Es dient zur Feinmaltechnik von Goldkanten und Bordüren. Wegen seines 90prozentigen Feingoldgehaltes wird es auch Massivgold genannt.

Glanzplatin ist vor dem Brand ebenso honigfarben wie Glanzgold und unterscheidet sich erst nach dem Brand durch seinen silberartigen Hochglanz. (Silbermetall wird wegen der raschen Anlaufreaktion mit Schwefel selten verwendet.) Platinpinsel und Verdünnung müssen stets säuberlich von Gold getrennt bleiben, da Platin Gold im Farbton sehr beeinflußt. Selbst wiederholtes Überstreichen und Brennen bringt keinen Erfolg.

Lüster sind Metallsalze mit irisierendem Effekt und haben einen ähnlichen Aufbau wie Glanzgold.

Alle oben genannten Präparate und Schmelzfarben werden am besten bei 820° C eingebrannt.

Goldpolierung

Um einen seidigen Glanz des Mattgoldes zu erhalten, reibt man es mit feinem Seesand ab. Diese natürliche, abgeschliffene Form des Quarzes verhindert im Gegensatz zu gemahlenem scharfem Splittersand ein Zerkratzen. Das Sandkorn muß rund sein, die Größe der Körner gleichmäßig. In den angefeuchteten Sand taucht man einen Lappen und reibt die Goldfläche mit etwas Druck. Ein gleiches Resultat erzielt eine Glasfaserbürste. Die dabei abfallenden kleinen Glasfasern können an der Haut Juckreiz hervorrufen. Ist nach der Polierung ein weiterer Schmelzbrand wegen einer Dekorkorrektur notwendig, muß der Gegenstand vor der weiteren Behandlung von allen Glasfasern befreit werden, am besten mit Wasser. Übersehene Reste lassen sich nach dem Brand nicht mehr entfernen und wirken sehr störend.

Eine unpolierte Goldfläche kann auch noch mit Hilfe eines Achatstiftes mit einem feinen Hochglanz-Muster versehen werden. Die Wirkung dieser Gravur beruht auf dem Matt-Glanz-Effekt und kann nur auf Zierporzellan sinnvoll ausgeführt werden. Bei Gebrauchsgeschirr bewirkt die Benützung eine ständige Beeinflussung der Goldfläche durch Abreibung und je nach Goldpräparat auch durch Oxidation. Letztere läßt sich meist durch erneute Polierung korrigieren.

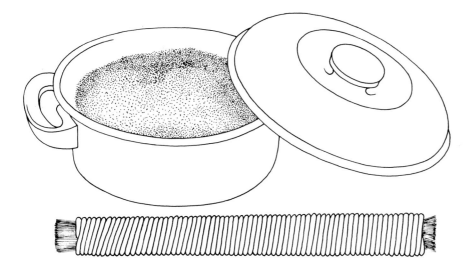

28
Nach dem Schmelzbrand wird das lehmfarbig aussehende Gold mit Seesand oder mit einer Glasfaserbürste zu mattem Glanz poliert.

Blumenmalerei

Die Blume ist bis heute das beliebteste Motiv in der Porzellandekoration. Es gab viele Versuche, sie aus dieser Stellung zu verdrängen. Sie hat durch ihre Vielfalt und Farbigkeit den künstlerischen Reiz beibehalten und symbolisiert Naturverbundenheit und festlichen Schmuck zugleich. Sie ist deshalb als Dekormotiv, nicht nur auf Porzellan, schlecht wegzudenken. In der europäischen Keramikmalerei waren bereits bei Fayenceprodukten die Blumenmotive ein bevorzugtes Dekorelement. Jedoch entwickelte sich erst in Meißen durch die genialen Fähigkeiten des Altmeisters Höroldt die Kunst des Blumenmalens zu einer nachahmenswerten und bis heute hochgeachteten Technik. Die »Meißner Blumen« sind in der Fachwelt zu einem klaren Begriff geworden. In der Handhabung wird die Zufälligkeit einer Pinselführung erkannt und bei der Weiterführung beachtet. Das mag der Grund sein, weshalb diese Malerei mit den mannigfaltigsten Blüten und interessanten Arrangements bis heute lebendig geblieben ist. Hinzu kommt, daß gutausgebildete, talentierte Maler imstande sind, mit Leichtigkeit und ohne Fülle ein Bukett in richtiger Größe und Form dem jeweiligen Gegenstand anzupassen.

In der Blumenmalerei unterscheidet man die naturalistische von der

Maniermalerei, wie sie in Meißen entwickelt wurde. Die Maniermalerei vereinfacht und charakterisiert die Blume und führt sie zur dekorativen Wirkung. Die mit dem Pinsel gemalte und nicht gezeichnete Form und die Wahl der Farben machen sie duftig und leicht. Sie wirkt in ihrer Transparenz ganz im Einklang mit dem Wesen des zarten Porzellans. Die naturalistische Malerei entsteht dagegen unter der Impression der Natur. Sie stellt Form und Farbe in natürlicher Wiedergabe dar.

Indischmalerei

Der Handelsweg des chinesischen Porzellans, das nach Europa gelangte, führte über Indien, und seine Dekoration wurde daher als »ostindianisch« bezeichnet. Der Wunsch nach diesen wertvollen Erzeugnissen schloß auch die Art des Dekors mit ein. Erste europäische Produkte ahmten deshalb auch malerisch die Vorbilder nach, und es entwickelte sich der Begriff der »Indischmalerei«. Der Name erstreckte sich später auch auf Muster, die von Meißner Malern, vor allem von J. G. Höroldt, dem Spezialisten für »Chinoiserien« – unter Verwendung von Grundelementen der asiatischen Kunst geschaffen wurden und bis in die heutige Zeit hergestellt werden. Als Anregung dienten ebenso auch japanische und chinesische Tuschzeichnungen, Holzschnitte und Lackarbeiten.

Die Indischmalerei umfaßt ausschließlich dekorative und farbenprächtige stilisierte Motive, die säuberlich konturiert und meist kontrastreich koloriert sind. Sie erfordert durchsichtige Farben in teils kräftigen Lagen, so daß sich mit der jeweils erfolgten Konturierung stets eine Wechselwirkung zwischen Linie und Fläche ergibt.

Im Gegensatz zur Blumenmalerei wiederholt sich bei der Indischmalerei auf Serviceteilen stets das gleiche Motiv in gleicher Größe. Durch Hinzunahme oder Weglassen von Beiwerk zum Hauptmotiv wird die erforderliche Größenveränderung für die unterschiedlichen Gefäßformen erreicht. Zu den einfachen einfarbigen Mustern der indischen Dekore zählt das bekannte Drachenmuster, das im Anleitungsteil ausführlicher behandelt wird.

29
Motiv einer farbenprächtigen Indischmalerei von einer Höroldt-Vase

Emailmalerei

Das Email wird in Aufglasurtechnik als reliefartige Farbauflage mit dem Pinsel aufgetragen. Ostasiatische keramische Erzeugnisse waren schon sehr geschickt mit Verzierungen aus Ornamenten und Blumenmustern in Punkt- und Strichmanier versehen und brachten somit in die flächenhafte Malerei eine plastische Steigerung.

Im Gegensatz zur Aufglasurmalerei, die eine starke Farblage vermeidet, muß diese fühlbar erhabene Emailmasse einer Abplatzgefahr widerstehen. Die schwer schmelzbare Glasur von Hartporzellan ist daher wegen ihrer Spannung zu weicheren Glasflüssen weniger gut geeignet. Weichporzellan mit seinen alkalireichen oder blei- und borsäurehaltigen Glasuren ist dafür empfehlenswert. Die Technik des Auftrags unterscheidet sich gegenüber der Aufglasurmalerei wesentlich. Mit mäßigem Terpentinölanteil und mit wenig Dicköl versetzt läßt sich die Reliefpaste bis zur Hälfte des Punktdurchmessers erhaben auftragen. Diese größtmögliche Auftragsstärke kann zur Folge haben, daß Zersetzungsprodukte der Öle von dem schmelzenden Email eingeschlossen werden und zu Verfärbungen oder Aufkochen führen. Zur Vermeidung dieser Erscheinung kann Wasser mit Zucker oder Glyzerin als Malmittel verwendet werden. Als Pinsel eignet sich ein weicher Borsten- oder Rindshaarpinsel, der eine gewisse Stabilität gegenüber der pastosen Masse aufweist. Der Auftrag empfiehlt sich vor allem in Punkten, Linien und Flächen. Damit erreicht die Art des Reliefs ihre beste effektive Wirkung. Zumeist erscheint der Emailauftrag in Kombination mit Aufglasurmalereien. Er hebt besonders gut bestimmte Partien, zum Beispiel den Kern einer stilisierten Blüte oder ähnliches, hervor. Farbemails sind untereinander sehr gut mischbar. Weitere Nuancen ergeben sich durch Zumischen von Farbkörpern, die der Ausbrenntemperatur von 800–960° C standhalten. Darüber hinaus besteht die Möglichkeit der Übermalung mit Farben und mit Gold. Das erfordert einen zusätzlichen Schmelzbrand, der allerdings die Haltbarkeit der Emaillierung beeinträchtigen kann. Der Brand selbst muß aus den bereits oben erwähnten Gründen wegen der Möglichkeit von Brennfehlern bis zur Rotglut sehr langsam erfolgen. Ebenso ist bei der Abkühlung zu verfahren. Die nicht immer spannungsfreie Verbindung zur Glasur zeigt sich oft schon bald nach Verlassen der Muffel durch Haarrisse im Email oder erst nach längerer Zeit durch Abwerfen von Emailteilchen. Es ist deshalb von vornherein für diese Art der Verzierung das Weichporzellan dem Hartporzellan vorzuziehen.

Ätzgolddekoration

Ätzgoldverzierungen gehören zu den teuersten, festlich und wertvoll wirkenden Erzeugnissen der Porzellanindustrie. Die Wirkung beruht auf dem sich gegenseitig steigernden Effekt von matter und glänzender

30
Beispiele von unterschiedlichen Goldblumenanlagen mit Matt-Glanz-Effekt. Entwurf: Björn Wiinblad; Hersteller: Rosenthal, Form »Romanze«

Goldfläche. Die meist nur als Band erfolgte Dekoranlage wird als Ätzgoldkante bezeichnet. Die gebräuchlichste Methode zur Erlangung der aufgerauhten matten Fläche ist die unter Verwendung von konzentrierter Flußsäure. Sie löst als einzige die Porzellanglasur auf und erreicht bei genügend langer Dauer (6 bis 10 Minuten) eine tiefe, rauhe Ätzung beziehungsweise Mattierung. Nicht geätzte Stellen bleiben glänzend. Zum Schutz der Glasur verwendet man deshalb syrischen Asphalt in Terpentinöl. Das Bandmuster kann in verschiedenen technischen Variationen übertragen werden. Die neueste Version ist das Siebdruckverfahren. Das auf Papier gedruckte Muster wird als Schiebedruck auf Porzellan angelegt. Nach einer Antrocknungszeit läßt sich der Übertragungsfilm vom Muster abziehen. Bei Erwärmung bis auf ca. 80°C schmilzt der Asphalt zu einer glatten Oberfläche und schützt somit die Glasur vor kleinen Ätzfehlern.

Eine weitere noch viel angewendete und bewährte Methode der Übertragung ist die mittels Stahldruck. Das in eine Stahlplatte eingeätzte Dekorband wird mit zäher Farbpaste eingestrichen. Die überschüssige Farbe spachtelt man wieder ab und reinigt die glatte Oberfläche des Stahls. Ein in Seifenlösung getränktes Druckseidenpapier wird darübergelegt und mit einem angefeuchteten Tuch und einer Filzplatte durch die Druckerpresse geschoben. Der Preßdruck bewirkt die Haftung der Farbe am Papier. Dieses wird nun am Porzellan angelegt und mit einer Filz- oder Gummiwalze angedrückt. Die Papierablösung kann jetzt dank der Seifenschicht sehr leicht mit Wasser erfolgen. Die frischgedruckte Farbpaste wird nun mit Asphaltpulver gepudert, erhitzt und getrocknet. Ebenso pudert und verfährt man nach einer direkten Bestempelung des Ätzmusters auf Porzellan mit Stempellack.

Die Ätzung mit konzentrierter Flußsäure kann nur in besonders dafür eingerichteten Räumen mit guten Abzugs- und Schutzvorrichtungen erfolgen. Der Ätzer trägt spezielle Gummihandschuhe. Bereits die Säuredämpfe sind gefährlich für die Schleimhäute. Sie rufen schmerzhafte eitrige Entzündungen hervor. Der direkte Kontakt mit dieser Säure ist noch folgenschwerer.

Das geätzte Band wird nach der Reinigung des Porzellanstücks zuerst mit Glanzgold überlegt. Mit der zweiten Lage von Poliergold erhält das Band seinen gediegenen Glanz. Das Muster erscheint nun einerseits erhaben und glänzend und andererseits vertieft und matt. Eine Steigerung des Goldeffektes erfährt die Ätzgoldkante noch durch das Anbringen von Farbbändern, besonders von Kobaltblau.

Eine ähnliche, aber erheblich billigere Ausführung zur Erreichung des Glanz-Matt-Effektes besteht mit der Ätzgoldimitationskante. Sie ist in ihrer Wirkung aber erkennbar schwächer und flacher. Die Ätzung entfällt hierbei. Dafür werden die mattierten Flächen im Schiebedruckverfahren mit einer matten Aufglasurfarbe versehen und eingebrannt. Nach der Vergoldung sehen die so mattierten Stellen wie geätzt aus, jedoch erhaben. Selbstverständlich kann man mit dieser gelblichen Mattfarbe auch malen und Ornamente erstellen. Die Aufbereitung der Goldunterlage ist gleich der einer üblichen Porzellanfarbe. Eine kleine Schwierigkeit ist die gleichmäßige, richtige Lage und der Schmelzpunkt. Die Temperatur über 800°C kann einen Glanz hervorrufen. Eine zu dicke Lage saugt das Glanzgold auf und hinterläßt einen grauen Schein.

Es gibt noch eine andere Möglichkeit, den echten Ätzgolddekor zu erreichen und die gefährliche und umständliche Flußsäure auszuschließen. Man stempelt, druckt oder malt die zu mattierenden Flächen mit einer sehr flußreichen, leicht schmelzenden Farbe. Im Schmelzfeuer greift der Fluß die Porzellanglasur an. Legt man nun das Porzellan ohne notwendigen Schutz der Glasur direkt längere Zeit in lauwarme, halbkonzentrierte Salz- oder Salpetersäure, löst sich die Farbe, und es erscheint an dieser Stelle eine Mattierung. Die Vergoldung hat hierbei die geringste Fehlererwartung, und die Arbeiten sind entschieden gefahrloser und billiger als mit konzentrierter Flußsäure.

Schiebedruck

Die stetige Suche nach der rationellsten Art bei der Dekoration von industriell gefertigter Ware hat zur Entwicklung des Schiebedruckes geführt. Er ist am unkompliziertesten zu handhaben und kann schnell in großer Stückzahl verarbeitet werden. Sein Prinzip ist dem des Abziehbildes vergleichbar. Das auf Spezialpapier mit keramischen Farben gedruckte Dekorbild wird mit einem elastischen, leicht eingefärbten Film versehen. Dieser löst sich in Wasser zusammen mit der Druckfarbe vom Papier ab. Das Bild kann von Papier auf Porzellan abgeschoben und an der vorgesehenen Stelle festgedrückt werden. Mit einem Gummi- oder Filzplättchen streicht man über den Film und quetscht so das vorhandene Wasser zwischen Druckbild und Porzellan heraus. Das ist notwendig und muß sehr sorgfältig geschehen. Eingeschlossene Feuchtigkeit bildet Blasen, und die zerplatzen im Brand. Diese sichtbaren Fehler lassen sich nur mühsam und meistens mit wenig Erfolg korrigieren. In keinem Fall darf das Dekorbild nach dem Abzug von Papier auf Porzellan gewendet werden. Der dann zwischen Farbe und Scherben liegende Filmlack zerreißt sonst bei der Verbrennung im Schmelzfeuer den Dekor bis zur Unkenntlichkeit. Zur Herstellung des Schiebedrukkes eignen sich die Produkte des Sieb-, Flach- und Offsetdruckverfahrens.

Stempeln

Das Material des Stempels besteht aus einer Kautschukplatte, auf der das spiegelbildliche Dessin erhöht dargestellt ist. Zwischen dem Holzgriff und der Platte klebt mit Gummilösung ein Schaumgummi, damit sich der Stempel Formwindungen stets anpassen kann. Die Farbpaste muß eine zähe Konsistenz besitzen, und deshalb mischt man zwei Gewichtsteile Farbpulver mit einem Teil Druckfirnis. Danach zieht man auf einer Glasplatte die Farbe mit einer breiten Spachtel zu einer glatten, dünnen Fläche auf, so daß die aufgestempelte Farbschicht bereits vorgegeben ist. Durch geeigneten Zusatz von Druckölen kann man ebenso Edelmetall-Glanzpräparate in Gold, Platin und Silber verarbeiten. Mit Firnis gestempelte Kanten führen, mit pulverisierten Edelmetallen gepudert, zum Matt-Glanz-Effekt. Erwähnt sei auch, daß alle Firmennamen und -zeichen auf oder unter der Glasur gestempelt werden.

Schmelzbrand des Aufglasurdekors

Die Aufgabe, den Dekor mit der Glasur fest zu verschmelzen und gegen äußere Einflüsse mechanischer und chemischer Art widerstandsfähig zu machen, übernimmt der sogenannte Muffelofen. Je nach Einstellung der erwünschten Farbeigenschaft und Art des Farbkörpers und -flusses geschieht das Anschmelzen zwischen 650°C (bei einer Edelmetallverzierung auf einer vorher eingebrannten Aufglasurfarblage) bis zu maximal 860°C (bei harten Purpurtönen auf weißen Scherben). Üblicherweise werden Farben auf Hartporzellan zwischen 790 und 835°C geschmolzen.

Der Brennraum ist kastenförmig und hat an allen Seiten eingebaute, stromdurchflossene spiralförmige Widerstände. Ein verschließbares Schauloch in der Ofentür dient zur Belüftung und zur eventuellen Temperaturkontrolle mit dem Seger-Kegel. Ins Deckengewölbe ist der notwendige Dunstabzug eingebaut, durch den die verdampfenden Öle und Malmittel entweichen können. Die Wände haben wärmedämmende Schamottesteinisolierung. Bei Elektro-Muffeln erfolgt die Temperaturmessung mit einem in die Rückwand eingebauten thermoelektrischen Pyrometer; damit verbindet man eine stetige Kontrolle und eine automatische An- und Abschaltung des Brennvorganges. Bei der Möglichkeit der Ausnutzung von Nachtstromtarifen zählt diese Einrichtung als weiterer Vorteil. Standmuffeln sind in ihrem Fassungsvermögen sehr unterschiedlich (0,2 bis maximal 1,5 m^3 Nutzraum). Es ergeben sich daher bei größeren Öfen Temperaturdifferenzen innerhalb der Brennatmosphäre. In Spiralnähe herrscht eine Zone höherer Glut als in der Mitte oder im unteren Bereich. Dies muß ein Schmelzer beachten und die Malereien entsprechend berücksichtigen. Hart eingestellte Farben wie Purpur, Violett, Eisenrot sollten außen und flußreiche Dekore in die Ofenmitte gesetzt werden. Diese periodisch betriebenen Standmuffeln werden nach jedem Brand abgekühlt, entleert und neu gefüllt. Die Füllware wird in Abständen mit keramischen, feuerfesten Stützen und Platten oder zunderfreier Metallegierung unter guter Ausnutzung des gesamten Brennraums eingesetzt. Zwischen Flachgeschirr wie Tellern, Platten usw. kann zum Stapeln ein Dreifuß aus Porzellan, die sogenannte Pinne, verwendet werden, insofern eine eventuelle Spiegeldekoration dies zuläßt. Auch Asbestplättchen eignen sich dazu. Der Brennbeginn soll langsam erfolgen, damit die Verbrennungsprodukte ohne Schaden an der Dekoration entweichen können. Bis etwa 450°C bleiben deshalb das Schauloch und der Dunstabzug geöffnet. Danach kann die Stromzufuhr verstärkt werden. Sofern keine Absaugvorrichtung vorhanden ist, ermöglicht vorsichtiges, geringes Öffnen der Türe bei 400°C die Beschleunigung der Abkühlung. Bei über 100°C sollte jedoch eine Entleerung möglichst nicht stattfinden; ebenso ist Zugluft dabei zu vermeiden, da die Gefahr der Entstehung von Spannungsrissen besteht. Ist der Schmelzbrand geglückt, erscheint der Aufglasurdekor in glanzvollen Farben. Neben dieser beschriebenen Standmuffel existiert auch die Form eines Dekor-Tunnelofens. In ihm wird der Dekorbrand kontinuierlich beschickt, durchläuft die Heizzone, und am anderen Ende erscheint die fertige Ware. Der Transport geschieht auf schienengebundenen Wagen, die mit Metallkörben ausgerüstet sind. Sie sind für industrielle, serienmäßige Fertigung unerläßlich und gegenüber Standmuffeln energiekostensparend.

PRAKTISCHE MALANLEITUNGEN

Auswahl der Farben und erste Malversuche

Am Anfang steht die Frage, mit welchen Farben man am besten beginnt. Die Palette der Schmelzfarben ist sehr groß und eine Beschränkung auf Grundfarben vorerst empfehlenswert. Zu diesen gehören: Blumenrot (Eisenrot), Eigelb, Apfelgrün, Gelbgrün, Olivgrün, Türkis, Kornblumenblau, Dunkelblau und Rosenpurpur. Später kann die Palette erweitert werden, etwa mit Schwarz, Königsblau, Lavendelblau, Violett, Dunkelpurpur, Purpurrosa, Rotbraun, Dunkelbraun, Ocker, Russischgrün, Myrthengrün, Himmelblau und Hellgrau. Nun fehlt

31
Eine Übersättigung des Pinsels wird durch wellenförmiges Ausstreichen verhindert.

noch die Skala von Orange bis Dunkelrot. Diese Farben nehmen eine Sonderstellung ein. Während alle zuvor genannten in den Lagen dunkel bis hell gestrichen werden können, sind diese Selenprodukte nur in einem Farbton und in deckender Lage anwendbar. Zu dünner Auftrag führt im Brand zur Auflösung des Farbkörpers, und es erscheint ein Grauton. Im Falle dieses Mißgeschickes kann die Fläche nochmals überstrichen und abermals gebrannt werden. Bei allen Farben ist grundsätzlich darauf zu achten, daß die Farblage nicht zu stark wird, da sonst Abplatzgefahr nach dem Brand besteht. Die im Handel erhältlichen Farben sind in Pulverform abgepackt zu 10, 20, 50, 100 Gramm usw.

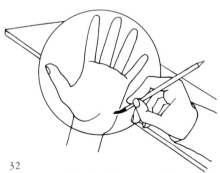

32
Die notwendige Ruhelage des Tellers beim Malen erreicht man durch Abstützen der linken Hand am Bankett.

33
Segment einer Farbprobe

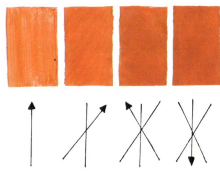

34
Streichfolge zur Beseitigung von Strukturstreifen

35
Gebrannter Farbprobeteller zur Beurteilung des richtigen Tonwertes

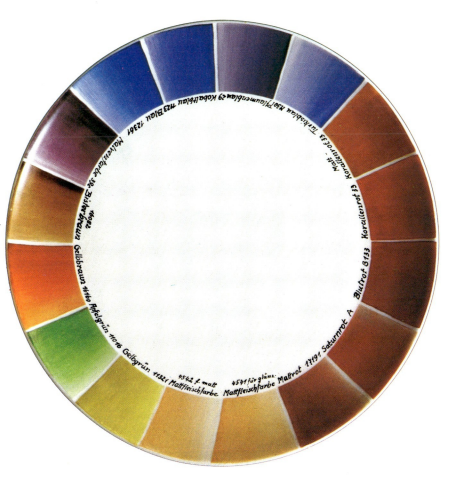

36
Flächiges Kranzmuster auf Thomas-Kochgeschirr

Für den jeweiligen Bedarf passend reibt man sich eine Spachtelspitze Farbpulver mit einigen Tropfen Terpentinöl zu einer ganz feinen Paste an. Das nun hinzuzufügende Dicköl macht die Farbe geschmeidig und mit dem Pinsel malbar. Das Mengenverhältnis ist ungefähr 1 Teil Dicköl und 4 Teile Farbe. Eine dünn zu verstreichende Farbfläche braucht mehr, eine Schattenzeichnung zum Beispiel weniger Ölanteil. Bleibt die verarbeitete Farbe nach ca. 15 Minuten noch naß und glänzend, läuft eventuell an den Konturen noch aus, dann ist zuviel Dicköl beigesetzt und kann deshalb im Brand auch aufkochen. Reißt die Farbe bei der Pinselführung förmlich ab, und der Strich zeigt deutliche Struktur, die schnell matt trocknet, hat sie zu wenig Dicköl. Selbst bei richtiger Konsistenz wird die Paste nach einiger Zeit auf der Palette zäher. Mit etwas Terpentinöl spachtelt man dann die Farbe wiederum voll durch. Die Verlangsamung dieses Vertrocknungsprozesses ist durch Hinzugabe von Frischhaltemitteln wie Nelkenöl zu erreichen.

Zum Kennenlernen der verschiedenen Maleigenschaften der erworbenen Farben streicht man jeweils ein Segment von dunkel bis hell an den Rand eines Tellers und versieht es mit Namen und Nummer der Farbe (Abb. 35). Der dazu verwendete sogenannte Schreibpinsel in breiter, gerader und flacher Form wird zum Auftragen des Farbverlaufs erst mit Terpentinöl angefeuchtet. Ist er geschmeidig, schiebt man den Pinsel nur mit einer Seite an die Farbe, so daß die andere Seite leer bleibt. Der erste Anstrich zeigt bereits den Verlauf, und die Streichungen können in der Richtung von links nach rechts bis zum hellsten Farbton fortgesetzt werden. Jede dieser Farben zeigt nach dem Brand eine Skala von Nuancen. Dieser Teller dient zu allen weiteren Tätigkeiten und ist stets eine sehr nützliche Hilfe zur Beurteilung von Farben.

Zu den weiteren Anfangsübungen gehört das Flächenstreichen mit gleichmäßiger Farblage. Porzellanfarben werden transparent gestrichen, und dieses Durchscheinen des Scherbens ermöglicht eine sehr genaue Kontrolle der Farblage. Jeder Streifen und jede Struktur sind deutlich erkennbar. Zu diesen und anderen Übungen verwendet man Eisenrot als billigstes Produkt und mit den besten Maleigenschaften. Den Schreibpinsel streicht man auf der Palette mit Farbe ein und verteilt sie im Pinsel durch Wellenbewegungen in Richtung Hand. Das verhindert ein Abtropfen und gewährleistet eine gleichmäßige Abgabe der Farbe. Um eine ruhige Lage des Tellers zu erreichen, stützt man die haltende linke Hand auf das Bankett. Der rechte Arm liegt ebenfalls darauf (s. Abb. 32). Nun streicht man eine rechteckige Fläche an. Dabei entstehen Strichstrukturen. Diese gilt es nun zu vertreiben, indem man den Pinsel auf der Palette leer streicht und mit den Haarspitzen die Farbfläche im Rastersystem leicht überpinselt (Abb. 34).

37, 38
Flächenhaftes Blumenmuster in zwei verschiedenen Farblagen mit Konturlinie. Rosenthal-Keramik

Pinselstriche als Dekor

Die vielfältigen Möglichkeiten der farbigen Verzierung des Porzellans könnten eine Versuchung sein, dürfen aber nicht dazu führen, mit zwar beliebten, aber für den Anfang doch zu schwierigen Dekoren zu beginnen. Eine gewisse Einarbeitungszeit, eine Gewöhnung an die neuen Malgeräte und die Einübung in die fremdartige Technik des Malens sind vorerst unbedingt erforderlich.

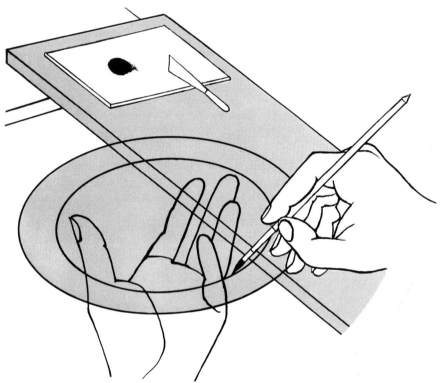

39
Für den Dekor aus Pinselstrichen wird der Pinsel von der Innenkante der Fahne nach außen geführt. Die Ruhelage erreicht man, indem man mit der linken Hand den Teller gegen die Unterkante des Banketts drückt.

Nach gelungenen ersten Pinselstrichübungen ist es kein weiter Weg, einen symmetrischen Dekor daraus zu entwickeln. In der Art eines breit angesetzten und dann auslaufenden Striches beginnt man die Pinselführung zu erproben. Dazu eignet sich ein sogenannter Fahnenteller besonders gut. Die notwendigen Hilfslinien zur Einteilung und Anordnung der Dekoration erfolgen nach der Reinigung des Tellers mit dem Allschreiber. Der Ansatz für den Dekor geschieht am Spiegelrand beziehungsweise an der Innenlinie der Fahnenfläche des Tellers. Es gibt zwei technische Möglichkeiten der Markierung (Abb. 44 u. 40). Bei der ersten zentriert man den Teller auf der Ränderscheibe, hält den Stift an

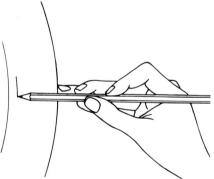

40
Hilfslinien werden mit dem Allschreiber gezogen. Der Ringfinger stützt sich am Tellerrand ab und gewährleistet gleichmäßigen Abstand. Das Schmelzfeuer verbrennt die Linien spurlos.

den Ort der gewünschten Linienführung und dreht die Scheibe. Der Kreis schließt sich sodann bei gleichem Abstand vom Tellerbord, wenn die Zentrierung richtig war und die Hand die Ruhelage behielt. Die andere Methode der Anzeichnung erfolg nur mit der Hand. Der Stift wird von Daumen, Zeigefinger, Mittelfinger und Ringfinger festgehalten. Der gestreckte Ringfinger stützt sich nun mit seinem Fingernagel an die Bordkante und behält so die Stabilität des Abstandes bei. Der Stift zeigt dabei zum Mittelpunkt des Tellers. Will man kleine Kreise am

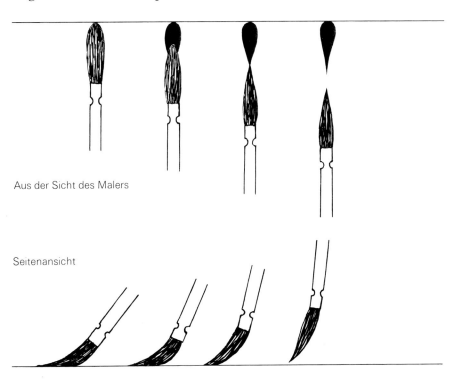

41
Der Pinsel wird an der Ansatzlinie breitgedrückt und zur Spitze auslaufend weggezogen.

Bord entlang anlegen, kann man eine passende Münze zu Hilfe nehmen. Bei unserem Dekorvorschlag ist es ratsam, die Münzflächen von der Bordkantenlinie aus anzulegen. Eine Differenz beim Zusammentreffen kann durch Senken der Ansatzmarkierung oder durch die Verwendung eines anderen Geldstückes korrigiert werden. Nun reibt man auf der Palette eine kleine Spachtelspitze Farbpulver mit einigen Tropfen Terpentinöl zu einer ganz feinen Paste. Jedes kleinste Korn muß mit der Flachseite der Spachtel zerrieben werden. Zwischendurch schiebt man die Farbe mit der Schrägseite der Spachtel wieder zusammen und beginnt von neuem zu reiben. Erst danach fügt man etwa $1/5$ der Farbmenge Dicköl hinzu und mischt nochmals gut durch. Der vorbereitete, gut auf dem Stiel sitzende Zeichenpinsel wird mit Farbe eingestrichen. Mit der linken Hand drückt man den Teller an die Unterseite des Banketts und erreicht so eine ruhige Lage beim Malen. Der rechte Arm liegt auf dem Bankett, und die Hand führt den Pinsel bei diesem Muster von der Innenkante der Fahne nach außen (Abb. 39). Dabei wird die Pinselspitze an der Ansatzlinie breitgedrückt und zur Spitze auslaufend weggezogen. Das erscheint sehr einfach, die Schwierigkeit liegt aber in der gleichmäßigen Länge jedes Striches.

42
Die einzelnen Stadien eines Dekors von der ersten Hilfslinie bis zum ausgeführten Motiv

Die rhythmische Banddekoration

Die vorigen Übungen können nun wieder einen Schritt weitergeführt werden. Fließender Rhythmus gibt einer kahlen Fläche Bewegung und Leben. Eine Form, die in ihrer Linienführung streng, geradlinig und klar gestaltet wurde, erfährt durch schwunghafte Verzierung den Reiz des Gegensätzlichen. Ebenso kann ein rhythmisches Dekorband zur Steigerung eines Reliefs oder einer Gravur entscheidend beitragen. Ein Maler versucht immer, eine Harmonie zwischen Form und Dekor zu erreichen. Keines von beiden darf in der Wirkung Übergewicht besitzen. Das heißt aber nicht, daß sich der Dekor nur der Form anpassen muß. Er soll und kann seine Eigenständigkeit erreichen und der Form einen Klang, eine Stimmung verleihen. Deshalb ist es möglich, Porzellan mit den verschiedensten Dekorideen immer wieder interessant und begehrenswert herzustellen. Der Phantasie sind dabei fast keine Grenzen gesetzt.

Das Beispiel zeigt eine rhythmische Anordnung von Pinselschwüngen, eingefaßt mit einer Wellenlinie (Abb. 45). Dieses Dekorband ist nicht

43
Dieser Dekor wurde von dem dänischen Künstler Björn Wiinblad entworfen und als Golddekor bei der Firma Rosenthal hergestellt.

nur bei einem Reliefhintergrund eine wertvolle Unterstützung, sondern dient auch genausogut als Auflockerung einer glatten Bordkante. Zur Übertragung von Papier auf Porzellan ist eine Pause mit Transparentpapier notwendig. In Konturlinien zeichnet man darauf das Motiv, beziehungsweise eine Rhythmusgruppe nach. Diese provisorische Größe dient vorerst der Anzahlbestimmung und zur Feststellung eines nahtlosen Zusammenschlusses des Bandes. Ist das richtige Größenmaß gefunden, macht man sich wegen der notwendigen Wiederholungen zur Übertragung eine Stechpause (s. »Pause«). Die Zeichnung ist danach durch Punktreihung erkennbar. Sodann kann die Malerei beginnen. Anstatt in etwas anstrengender Weise den Teller mit der linken Hand an das Bankett zu drücken, kann man auch den Handrücken auf das Bankett legen, oder man stellt den Teller auf die Ränderscheibe. Damit erreicht man die praktischste Ruhelage. Der rechte Arm liegt ebenfalls auf dem Bankett, und die Hand führt den Malpinsel in einer Drehbewegung vom breiten Ansatz zur Spitze auslaufend. Für dieses Dekormuster ist eine gleichmäßig aufgetragene, satt gestrichene Farblage am schönsten. Der Scherben muß aber noch hindurch erkennbar sein. Der Glasschmelz der Farbe besitzt bei stärkerer Lage eine zu große Spannung zur Glasur und blättert nach dem Brand ab.

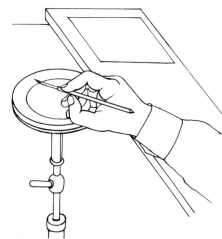

44
Der Teller auf der Ränderscheibe ist die praktischste Möglichkeit, die Ruhelage während des Bemalens zu erreichen.

45
Entwurf: Björn Wiinblad; Hersteller: Rosenthal

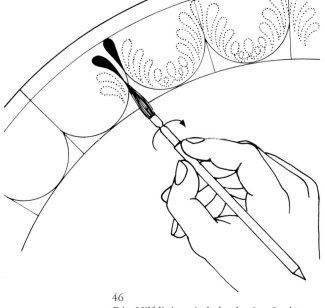

46
Die Hilfslinien sind durch eine Lochpause übertragen. Den Schwung im Strich erreicht man durch leichtes Drehen des Pinsels. Der Pinselstiel soll deshalb aus Gründen der Handlichkeit nicht dünner als 5 Millimeter im Durchmesser sein.

Kornblume

47
Reihenfolge des Malablaufs bei einer stilisierten Kornblume in Seitenansicht

Bei den ersten Malproben ist mit Absicht großer Wert auf die Anleitung zur Genauigkeit gelegt worden. Auf Porzellan rutscht ein Pinsel leicht aus; wird bei dieser Malerei nicht auf Exaktheit geachtet, entsteht daher schnell Unsauberkeit. Nur die Beherrschung der Maltechnik bringt die Sicherheit für einwandfreie Resultate. Diese gelingen aber durch beständige Übung zusehends. Die ersten Arbeiten sollten zweckmäßigerweise auf Teller und Tassen beschränkt bleiben. Der tägliche Gebrauch der bemalten Stücke regt die Phantasie zu weiteren Dessins an. Erst dann, wenn ein Muster längere Zeit der Kritik des Auges standgehalten hat, ist das Bemalen eines Service oder einer größeren Serie ratsam.

Ein sehr beliebtes und reizvolles Motiv, das bereits nach den ersten Vorübungen erfolgreich gestaltet werden kann, ist die Kornblume. Auch in der Porzellanmanufaktur Nyon in der Schweiz hat dieses Muster eine bedeutende Rolle gespielt und wurde in vielerlei Variationen ausgeführt, zum Beispiel als Reihung, Girlande, Spirale, Strauß und Streuer. Immer bleibt es eine zarte Blume, die den Charakter des Qualitätsporzellans unterstreicht.

Die Dekoranlage und Verteilung kann mit dem Allschreiber von einer Papierschablone mit genau abgezirkelten Abständen übertragen werden, sofern man nicht eine Streuerverteilung vorzieht. Nun mischt man eine Spachtelspitze blaues Farbpulver an. Dieses Anreiben ist immer sehr wichtig und muß gewissenhaft gemacht werden. Jedes kleinste Korn stört den Malablauf mit einer sichtbaren Kratzspur beim Streichen. Vorerst wird nur der Hälfte der angerührten Farbe ein wenig Dicköl beigemengt. Die andere Farbhälfte bleibt getrennt auf der Palette zur späteren Verwendung. Der Zeichenpinsel Nr. 2 wird mit Terpentinöl geschmeidig gemacht. Ist das der Fall, streicht man den Pinsel im Lappen aus. Nun schiebt man die Pinselspitze in das Blau, drückt sie an das Porzellan und hebt mit Schwung wieder ab. Es entsteht ein dunkler Ansatz und ein heller Auslauf. Bleibt diese Erscheinung nicht stehen und läuft zusammen, ist zuviel Dickölanteil oder noch zuviel Terpentinöl enthalten. Letzteres verflüchtigt durch Anblasen auf der Palette. Im ersten Fall mischt man einen Teil der trockenen, reservierten Farbhälfte hinzu. Zu wenig Dicköl äußert sich in starker Pinselstruktur beim Anstrich und in abrupter Beendigung des Streichvorgangs.

48, 49
Auch in Meißen kannte man die dekorative Wirkung der Kornblume. In der Maniermalerei ist sie in Straußform bis heute beliebt.

Nach dem Blau malt man die grünen Blätter. Mit seitlichem Druck auf den Pinsel kann eine geschwungene Form erzielt werden. Zum Schluß mischt man etwas Rotbraun in das Grün und setzt damit die Stiele und die Blütenknoten.

50, 51
Das Motiv der Kornblume wurde um 1800 unter anderem in der Porzellanmanufaktur Nyon mit großem Erfolg verwendet. Die Dekoranlagen sind Beispiele einfühlsamer Harmonie mit der Form. Genf, Musée de l'Ariana: 50; Nyon, Museum: 51

83

Das Weinlaub

Das Motiv des Weinlaubs ergibt eine sehr dekorative Art der Porzellanverzierung. Das Meißner Original des Weinkranzes entstand um das Jahr 1820. Es ist ein chromgrüner Unterglasurdekor, der mit einer Flächenschablone angelegt wird; die Blattadern, die Stiele und die spiraligen Ranken werden vom Maler mit dem Pinsel vollendet. Man muß nicht auf diese Dekoration verzichten, wenn die Voraussetzung für diese Technik fehlt. Dieser Dekor läßt sich ebenso in Aufglasurmalerei herstellen und braucht dem Original in der Wirkung nicht nachzustehen. Im Gegenteil, er kann künstlerisch differenzierter ausgearbeitet und in der Farbwirkung nuancierter sein als das Original. Es ist also nicht sinnvoll, diesen oder ähnliche Dekore in Schablonentechnik mit Aufglasurfarben herzustellen.

Zunächst stellt man fest, an welchem günstigen Ansatz eine Wiederho-

52
Speiseteller mit Weinlaubdekor. Meißen, um 1820

53
Das Motiv der Stachelbeere erzielt seine Wirkung auf ganz ähnliche Weise wie das Weinlaub. Hersteller: Rosenthal Group Germany, Classic Rose Collection; Werksentwurf, Form »Maria«

54
Abschnitt eines sich nahtlos wiederholenden Weinlaubmusters

55
Zeichnung für eine Pause, die in der Wiederholung lückenlos anschließt.

56
Das Motiv der Brombeere kann man ebenfalls gut als Kranzmuster anwenden, es wird in gleicher Weise wie das Weinlaubmuster ausgeführt.

lung des Blattmusters beginnt. Von einem vollständigen Abschnitt des Musters macht man eine Pause, indem man in Konturlinien die Zeichnung nachfährt. Nun zieht man am gesäuberten Teller mit dem Allschreiber oder notfalls mit einem weichen Bleistift eine Hilfslinie und prüft durch Anlegen der Zeichnungspartie den passenden Zusammenschluß des Bandes. Weist der Anschluß eine Lücke auf, kann durch die Veränderung der Ansatzlinie eine bessere Zusammenführung des Musters erreicht werden. Von der richtigen Größe und Länge der Zeichnung macht man sich eine Lochpause (s. »Pause«) und überträgt damit den Dekor. Sodann beginnt man, die Blätter in flächenhafter Weise ohne Licht- und Schattenwirkung mit Olivgrün auszumalen. Dazu verwendet man einen Malpinsel, spitz, Größe 3–5.

Mit etwas dunklerem Grün (mit Schwarz abgestimmt) malt man mit dem Zeichenpinsel die verbindenden Reben. Dann folgen unter weiterer Zunahme von Schwarz die Blattstiele und schließlich ganz in Schwarz die Blattrippen und die spiraligen Ranken. Besondere Vorsicht ist bei der schwarzen Farbe nötig. Sie darf nur dünn aufgetragen sein. Auf weißem Scherben kann der Grauton der schwächeren Lage gerade noch bis zum Schwarz gedeckt werden. Bei einer stärkeren Schicht platzt das Schwarz nach dem Brand leicht ab, zumal sich die darunterliegende grüne Farbe noch hinzusummiert.

Rosette

Die Rosette gehört zu den ältesten und am weitesten verbreiteten Motiven bei künstlerischen Verzierungen aller Art. Als Ornament in Kreisform erinnert sie an eine Blume. Ihr Ursprung ist wohl auch in einem stilisierten Blütenstern zu suchen. Sie kann je nach Phantasie des Gestalters ausgeschmückt und bereichert werden.

Als Anregung zur Entwicklung eines derartigen Dekors dient eine Arbeit des dänischen Künstlers Björn Wiinblad (Abb. 57). Seine einfache, schlichte Rosette verziert das Porzellan auf gekonnte Weise und ist ein Beispiel von sparsamer Farbanwendung mit optimaler Wirkung. Das helle und das dunkle Kobaltblau erreichen einen Farbklang, der mit der Kühle des weißen Scherbens harmoniert.

Ein so entworfenes Motiv muß in seiner Größe immer dem jeweiligen Gegenstand angepaßt werden. Dies kann nach skizzenhafter Anzeichnung vor der Ausarbeitung wohl beurteilt werden. Danach fertigt man in gewünschter Größe die Lochpause an und überträgt damit die Zeich-

57
Rosetten entfalten ihre Schönheit am besten auf Flachgeschirr; Hohlkörper verzerren die Kreisfläche in ungünstiger Weise. Die Rundum-Anlage wie auf der Vase ist der bessere Weg für eine harmonische Dekoration. Dabei wird die Rosette allerdings nur als Dekorband sichtbar.
Entwurf: Björn Wiinblad; Hersteller: Rosenthal, Form »Romanze«

nung. Die Ausführung in Farbe erfolgt hier wie bei anderen Arbeiten immer in der Art, daß die helle Farbe zuerst und die dunklere danach gesetzt wird. Dies dient zur Kontrolle des Farbgleichgewichtes, das erreicht wird, wenn eine große helle Farbfläche zu einer kleinen, dunklen in Beziehung gesetzt wird.

Hauptsächlich gezeichnete Entwürfe sind am besten mit einem Zeichenpinsel und flächige Konstruktionen mit einem Malpinsel ausführbar.

Neben der farbigen Gestaltung einer Rosettendekoration bieten sich auch Goldvarianten an. Mit einer mattschmelzenden, eigens als Goldunterlage hergestellten Farbe wird die Rosette wie mit jeder anderen Farbe gemalt und bei 840° C eingeschmolzen. Für den zweiten Brand bei 815° C streicht man in der Bändertechnik (s. »Rändern, Bändern, Streifen«) Poliergold darüber. Nach der Polierung des Goldes erscheint die Rosette in wertvollem Matt-Glanz-Effekt.

Eine Rosette kann vor allem auch als Goldzeichnung eine besonders gute Wirkung erzielen. Sie hat gegenüber der erstgenannten Goldrosette den Vorteil des einmaligen Schmelzbrandes und ist in der Fläche aufgelockert. Dazu eignet sich das hochprozentige pulverisierte Malergold, das wie Farbe mit Terpentinöl und Balsam aufgemischt und somit malbar gemacht wird. Die Schmelztemperatur beträgt auf weißem Scherben 790–830° C.

58
Originalgröße der Kobaltrosette mit Hell- und Dunkelkobalt

59
Geschenkartikel mit einer Goldrosette lassen sich leichter herstellen, als man denkt. Zwei- oder dreifarbige Goldtönungen kommen hier voll zur Geltung. Entwurf: Björn Wiinblad; Hersteller: Rosenthal, Form »Romanze«

Rändern, Bändern, Streifen

Zu der einfachsten und rationell-schnellsten Form der Verzierung eines keramischen Gebrauchsgegenstandes gehört die Banddekoration. Mit einer gewissen Einarbeitungszeit ist diese Technik auch für jedermann erlernbar. Dazu braucht man eine am Boden stehende, höhenverstellbare Drehscheibe, wie sie bei der Arbeitsplatzdarstellung des Aufglasurmalers abgebildet ist (Abb. 23). Die erste Übung erstreckt sich auf das Zentrieren des Porzellanteils auf der Scheibe (Abb. 60). Dies geschieht während der Drehbewegung der Scheibe, die mit der linken Hand, in mäßiger Geschwindigkeit, angetrieben wird. Die erste Probe geschieht am besten mit einem Teller. Mit dem Fingernagel des Zeigefingers stößt man während der schwankenden Drehbewegung am Tellerrand in Richtung Zentrum. Der rechte Arm liegt dabei auf dem Bankett, dies ermöglicht die Kontrolle für den Zeitpunkt des Stoßes innerhalb des Drehmoments. Bei zu schneller Drehung eines noch nicht zentrierten Gegenstandes besteht die Gefahr des Abschleuderns. Ein Erfolg der Versuche ist durch öfters wiederholte Übungen bald erzielbar. Ein gut zentrierter Tellerrand bewegt sich auf der Scheibe zwar nicht mehr seitlich, doch hat er im Glattbrand selten eine gleichbleibende Randhöhe beibehalten, so daß meist eine vertikale Bewegung vorhanden ist. Sie ist für die weitere Behandlung kaum ein Hindernis, da sich der elastische Pinsel solchen Unebenheiten anpaßt. Nun beginnt die eigentliche Malerarbeit. Ein Ränderpinsel wird mit der Schrägseite seiner gebundenen Haarform in Farbe gesättigt und auf der freien Palettenfläche wieder etwas ausgestrichen, damit er geschmeidig wird. Vor dem Ansatz auf dem Teller muß die Pinselform wieder eine klare Spitze aufweisen. Bei leichter Drehung der Scheibe wird der Pinsel mit dem notwendigen feinen Gefühl zunächst mit der Spitze, dann mit leichtem Druck in stets gleichbleibender Richtung an den Tellerrand geführt. Nach dem Zusammenschluß der so entstandenen klaren und scharf abgegrenzten Linie behält man die Pinselführung wegen der eventuellen anfänglichen Unsicherheit im Ansatz noch eine halbe Tellerdrehung bei und hebt nach dieser Korrektur den Pinsel ab. Die ersten Versuche werden vielleicht den Zusammenschluß der Linie nicht erreichen. Eine geübte Hand, die zusehends ruhiger wird, behebt auch diesen Mangel (Abb. 61).

In ähnlicher Weise erzielt man mit einem anders geformten Pinsel, dem Bänderer, ein breites Farbband (Abb. 64). Es muß lediglich die Farbe mit etwas mehr Terpentinöl flüssiger angemischt und die Drehgeschwindigkeit der Scheibe erhöht werden. Ein Band braucht zur gleich-

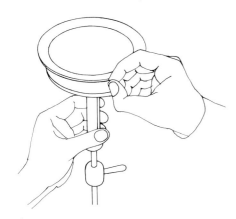

60
Bevor ein runder Artikel mit einem Gold- oder Farbrand versehen werden kann, muß er auf der Ränderscheibe zentriert werden, damit er eine gleichmäßige Laufrichtung bekommt. Während der Drehung schiebt man ihn vorsichtig zur Mitte.

61
Der Ränderpinsel wird bei langsamer Drehung des Tellers ganz vorsichtig mit der Spitze aufgesetzt. Soll ein dünner Rand entstehen, übt man keinen weiteren Druck auf den Pinsel aus. Wichtig ist die konsequente Ruhelage der Hand während der gesamten Drehung.

62
Eine höhenverstellbare Drehscheibe ermöglicht dem Porzellanmaler, alle Randflächen mit dem Pinsel bequem zu erreichen.

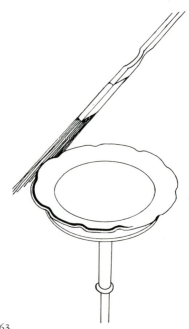

63
Mit einem Pinsel aus Roßhaar lassen sich vor allem gerippte Bordkanten gut und schnell abstreifen. Es entsteht eine gleichmäßig starke Randlinie.

mäßigen Farbverteilung drei oder vier Pinselüberläufe. Entsteht danach ein Ausfransen der Farbe, ist zuviel Terpentinöl verwendet worden. Speckiger Glanz zwei Minuten nach der Ausführung verrät zuviel Balsam beziehungsweise Dicköl. Gute Ergebnisse lassen sich beim Bändern unter Verwendung von Petroleum als Malmittel erzielen; dafür werden alle anderen Öle reduziert.

Auf schnellste und einfachste Weise läßt sich ein Farb- oder Glanzgoldrand mit einem sogenannten Streifer herstellen (Abb. 63). Das drahtige, stabile Roßhaar erlaubt ein seitliches Andrücken an die Bordkante

64
Farb-, Lüster- und Goldbänder geben dem Geschirr eine besondere Note. Sie können mit einem breiten Bänderpinsel in der gleichen Weise wie ein Rand hergestellt werden. Die Umdrehungen erfolgen schneller und mehrmals, bis eine gleichmäßige Farbverteilung über die ganze Bandbreite erreicht ist. Entwurf: Erich Demel; Hersteller: Rosenthal, Form »Duo«

während der Drehung auf der Ränderscheibe. Die so abgestreifte Fläche hat je nach Gratschärfe eine Randbreite von ca. einem Millimeter oder etwas mehr. Allerdings ist es ausschließlich möglich, Bordkanten in dieser Technik zu behandeln.

Ornament

Das Ornament ist die ursprünglichste Äußerung künstlerischen Ausdrucks. Es kann, wie andere Verzierungen, eine Form gliedern und betonen, unabhängig bleiben oder alles überwuchern. Die Formgestaltung des Ornaments ist unerschöpflich. Vom rein linearen und abstrakt geometrischen Stil des griechischen Mäanders bis hin zur organischen Gestaltungsweise mit Laubwerk seien nur einige Möglichkeiten angedeutet.
Eine Bandornamentik, aufgebaut und gehalten von Linien, kann auf klar und straff geformten Gefäßen eine reizvolle Bereicherung ergeben.

65, 66
Die verschiedenen Ornamente sollen Anregung sein, eigene Ideen zu entwickeln. Entwürfe auf Papier lassen sich als Streifen um den Artikel legen und können so vor der Ausführung in Porzellanfarbe beurteilt und nötigenfalls korrigiert werden. Entwurf: Björn Wiinblad; Hersteller: Rosenthal, Form »Siena«

67
Ein Platinband wurde bei diesem Dekor in einfacher und wirkungsvoller Weise zu einem Ornament geführt. Entwurf: Rosemonde Nairac; Hersteller: Rosenthal

Ein einheitlicher Farbton ist dabei ebenso eine wirkungsvolle Variante wie ausgewogene Farbigkeit. An unseren Beispielen ist die jeweilige Anpassung des Ornaments an die Form deutlich erkennbar. Trotz der differenzierten Gestaltung der verschiedenen Körper bleibt das Charakteristikum der Zeichnung erhalten, und alle Artikel verbinden sich harmonisch. Die um den Körper laufenden Linien umschließen die Form. Sie werden mit Hilfe der Ränderscheibe ausgeführt (s. »Rändern, Bändern, Streifen«). Die Fortführung dieser Linien zu einem Ornament sollte vorher als Zeichnung entwickelt und mit einer Pause übertragen werden. Die Flächen werden mit einem Malpinsel gestrichen und erfordern bereits maltechnische Kenntnisse, wie sie im Abschnitt »Erste Malversuche« beschrieben sind. Natürlich kann auch für diese Arbeit ein Edelmetallpräparat verwendet werden, das eine wertvollere Wirkung als Farbe erzielt. Wird Gold, Platin oder Silber auf einen glänzenden Farbhintergrund gestrichen, darf die Schmelztemperatur nicht höher als 650–680° C sein. Ist der Fond matt oder seidenmatt, besitzt die Farbe weniger Flußanteil. Darauf muß das Edelmetall die Temperatur von 730–750° C erreichen, soll es einer notwendigen anschließenden Polierung standhalten und sich nicht abreiben lassen.

68
Eine fortlaufende Bandornamentik muß im Zusammenschluß genau passen. Deshalb macht man von jeder Artikelgröße eine separate Einteilung und Pause. Entwurf: Björn Wiinblad

Floraler Silhouettendekor

Stilisierte Blumen können genauso dekorativ sein wie naturalistische Darstellungen oder solche in Maniermalerei. Wir zeigen hier (Abb. 70) ein Dekorband mit floralen Silhouetten auf einer neuzeitlichen, klaren Form. Die Bewegung und die Farbe des Dekors lassen auf dem Gegenstand ein Spiel mit der strengen Linie der Form entstehen. Dazu ist die

69
Für unterschiedliche Formen und Größen muß der Dekor entsprechend angepaßt werden

70
Das bewegte Blütenband wirkt einfarbig keineswegs eintönig. Wichtig für eine solche Komposition ist das Ineinanderfließen der verschiedenen Blütenformen, die auch mit Blättern kombiniert werden können. Am Zusammenschluß der Partien dürfen keine störenden Lücken entstehen. Die Dekorproportion muß für jeden Artikel extra festgelegt werden. Entwurf: Erich Demel; Hersteller: Rosenthal, Form »Berlin«

Einfarbigkeit von besonderem Reiz und erhöht die jeweils gewünschte Farbstimmung einer Tischatmosphäre. Deshalb ist die Farbwahl eine Überlegung wert: Oft paßt sehr gut Braun, manchmal Grün oder Blau, selten Purpur. Alle Töne wirken erdfarbig beziehungsweise in der Leuchtkraft gebrochen angenehmer als grelle Farben.
Die Übertragung des entwickelten Dessins erfolgt wieder mit einer Lochpause. Ein derartig gestalteter Blumenkranz besteht aus vier oder mehr gleichlaufenden Partien, die zusammengesetzt einen lückenlosen Rhythmus ergeben. Die Pause macht man nur von einer Partie und schließt bei der Übertragung damit den Kranz. Um gleichlange Partien mit passenden Anschlüssen zu erhalten, teilt man Flachteile, wie Teller, mit einer ausgezirkelten Kreisschablone in gleiche Felder. Die Hohlformen mißt man in der Höhe des Dekorbandes mit einem Papierstreifen im Umfang und unterteilt diesen in möglichst gleichlange Felder wie

auf den übrigen Stücken. Kleine Artikel werden reduziert dekoriert, größere im Dekor bereichert, jedoch nicht in den Formen vergrößert. Damit wird ein einheitliches Dekorbild auf den unterschiedlich geformten Teilen erreicht. Die Ausführung in Porzellanfarbe erfolgt dann wieder mit einem Malpinsel. Die Farbflächen sollten regelmäßig gleichstark gestrichen sein. Die Farblage darf wie immer den Scherben nicht abdecken. Die Transparenz der Farbe dient als äußerste Kontrolle zur Vermeidung der Gefahr, daß die ganze Mühe durch Abplatzen nach dem Brand zunichte gemacht und damit das Porzellanteil wertlos wird. Während des Farbstreichens ergeben sich ständige Flächenzusammenschlüsse der einzelnen Blumenpartien. Um eine zwischenzeitliche Antrocknung zu vermeiden ist es ratsam, zusätzlich zwei Tropfen Nelkenöl in die Farbe zu mischen.

71
Beispiel für die verschiedene Form bei Untertasse und Teller

Das rote Drachenmuster

Ende des 17. Jahrhunderts fand japanische Ware in Europa größten Anklang. Zu dieser Zeit wurden selbst in China japanische Dekore imitiert. Der Drache, das ursprünglich chinesische Symbol des Glücks, wurde durch japanisches Porzellan populär. Die im Süden gelegene Stadt Arita war die Produktionsstätte; der in der Nähe befindliche Ausfuhrhafen Imari gab dieser Keramik den Namen »Imari-Porzellan«. Ebenfalls im 17. Jahrhundert entwickelte dort eine Töpferfamilie mit dem Namen Kakiemon einen Stil, der insbesondere in Meißen, und zwar zum Teil naturgetreu, kopiert wurde.

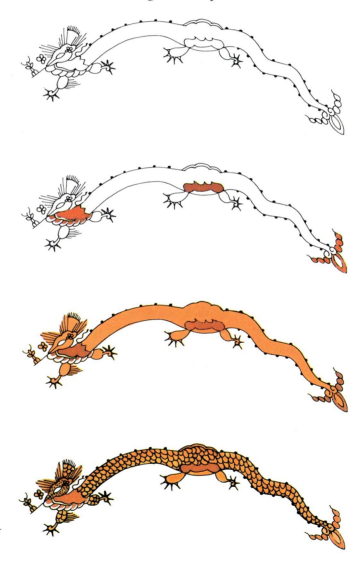

72
Malvorlage in der Reihenfolge der notwendigen Farbanlage

73
Originalgröße eines Desserttellers

74
Dieser Teller mit dem roten Drachenmuster ist die Kopie eines japanischen Originals. Solche Stücke werden seit 1735 bis heute in der Meißner Porzellanmanufaktur in Handmalerei hergestellt. Der abgebildete Teller entstand um 1760. München, Bayerisches Nationalmuseum

Ein Dekor aus dieser Zeit ist das rote Drachenmuster (Abb. 74). Ein damit dekoriertes Porzellan war jahrzehntelang das Hofservice des sächsischen Kurfüsten, Augusts des Starken, des Gründers der Meißner Porzellanmanufaktur. Der Dekor ist mit zweierlei Eisenrot und Gold ausgeführt und kann in folgender Weise hergestellt werden: Man befestigt auf dem vorgegebenen Motiv mit Klebefolie Transparentpapier und zeichnet mit Bleistift die Figuren nach. Will man diese Zeichnung öfter als zweimal auf Porzellan übertragen, fertigt man sich eine Lochpause an. Danach mischt man Eisenrot mit Terpentinöl und einem geringen Anteil Dicköl an. Das hat seinen Grund darin, daß die Zeichnung des Motivs dunkel erscheinen soll, mehr Dicköl aber die Farbe streckt, die sich dann nur hell malen läßt. Diese Eigenschaft der Farbe braucht man jedoch erst nach der Fertigstellung und Trocknung der Zeichnung. Entweder läßt man die Farbe der Zeichnung an der Luft eine Nacht lang antrocknen oder verwendet einen Trockenschrank, eine Backröhre oder den Muffelofen. Die Hitze sollte aber 80°C nicht übersteigen, sonst verdampfen die Malöle, die die Farbe vorerst an der Glasur haften lassen. Der Überzug mit der leichten Lage des Eisenrots muß ohne viel Streichwiederholungen rasch erfolgen, sonst löst sich die Vorzeichnung wieder auf. Diese zweite Farblage präpariert man deshalb mit mehr Dicköl und mit mäßiger Menge Terpentinöl. Für die Zeichnung verwendet man den Zeichenpinsel 2 oder 3 oder probiert es mit einer Zeichenfeder, und für die Fläche nimmt man den Malpinsel, spitz, Größe 3 oder 4. Zum Schluß kann man die Goldfedern des Zentrumsmotivs einsetzen und eventuell eine Goldlinie am Tellerrand ziehen (s. »Rändern, Bändern, Streifen«). Flüssiges Poliergold eignet sich für Abränderungen am besten, hingegen harmoniert das pulverige Malergold, das wie Farbe angemischt werden muß, wegen des matteren Glanzes besser mit der Komposition. Dieser Dekor sieht auch ohne Gold sehr gut aus. Nach dem Schmelzbrand bei 820°C und der anschließenden Goldpolierung ist er fertiggestellt.

Die Rosenmalerei

Eine der faszinierendsten Blumen ist die Rose, Sinnbild von Schönheit, Reinheit, Kostbarkeit und vielem anderen mehr. Zur Veredelung und zum Schmuck eignet sie sich deshalb auch auf Porzellan in ganz besonderem Maße. In der Maniermalerei gibt es eine eigens für sie entwickelte Maltechnik. Der erste Arbeitsgang besteht in der leichteren Anlage und der zweite in der zeichnerischen und malerischen Ausarbeitung beziehungsweise Schattierung. Die charakteristische Eigenart der Rose ist ihre kugelartige Grundform. Der Maler beginnt also erst mit einer Drehbewegung des Pinsels, der bei der Farbaufnahme nur an einer Seite an den Rosenpurpur angeschoben wurde und dadurch den weichen Verlauf eines Kugelschattens wiedergeben kann (Abb. 75 a, b). Die Technik ist dem Auftragen von Farbproben, wie es im ersten Abschnitt

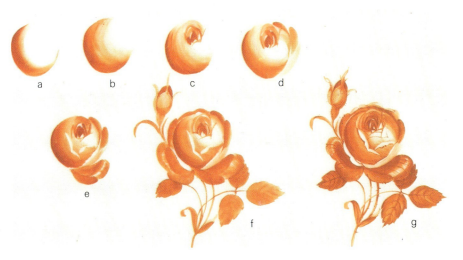

75
Entstehungsstufen einer Rose in Aufglasur-Maniermalerei

der praktischen Malanleitungen angeführt wird, sehr ähnlich, nur verläuft die Farbwertabstufung im Bogen. Damit man den weichen Übergang vom dunklen Purpurton über den hellsten bis hin zum Weiß des Lichtreflexes erreicht, mischt man die Farbe mit etwas mehr Dicköl an. Um diese Technik mit Erfolg anzuwenden, bedarf es einer längeren Übung. Erst danach kann an eine Weiterbearbeitung gedacht werden. Gelingt der »Rosenapfel«, wird der Rosenkern mit wenigen dunklen Farbdrückern gesetzt (Abb. 75 c). Sodann streicht man den Pinsel wieder frei und umschließt mit leichtem Farbton die Kugelform. Anschließend werden die ersten äußeren Blätter gesetzt. Der Rosenapfel kann auch durch einen Blattumschlag unterbrochen werden. Das geschieht mit einem Pinsel ohne Farbe, aber mit etwas Dicköl, indem man die gemalte Farbe damit herauslöst. Notfalls hilft auch ein wenig Terpentinöl dabei. Die abschließenden äußeren Blätter tragen durch Umschläge und die dabei auftretenden Lichter zur Belebung der Malerei bei (Abb. 75 e). Die innere Fläche eines Blattes streicht man zuerst und deutet den äußeren Rand an. Dann wird die dunklere innere Fläche mit dem leeren Pinsel in Wachstumsrichtung des Blattes über den weißen Zwischenraum nach außen gezogen. Beide Flächen verbinden sich durch eine so entstandene organische Struktur. Ist die Rose geglückt, wird sie mit Blättern versehen (Abb. 75 f). Dazu dient ein Gelbgrün, das auch für die Knospenhülle und die Stiele verwendet wird. Die Farbe ist in glatter Lage ohne Schattierung für die spätere Weiterbehandlung am vorteilhaftesten. Um Schwung und Kraft im Erscheinungsbild der Anlage nicht zu verlieren, beginnt man mit den Stielen. Einen sauberen Strich erreicht man nur mit einem einzigen Pinselzug. Die Blätter werden von der Mitte nach außen gestrichen, dadurch entstehen die feinen Zähne am Blattrand. Den Abschluß der ersten Anlage bildet die Knospe. Dann ist es sinnvoll, vor der Weiterbearbeitung einen Schmelzbrand dazwischen zu legen. Für eine Trocknung allein fehlt einem nicht routinierten Maler die Sicherheit, ohne Schaden an der Vorarbeit das Werk zu vollenden. Die Ausarbeitungsfarben sollen sich nicht den Anlagefarben angleichen; sie müssen im Ton kräftiger und im Feuer härter sein. Die erforderlichen flußarmen Farben verhindern ein Verschwimmen der Zeichnung. Für die Rose wählt man deshalb nun einen dunkleren, gehaltvolleren Ton und beginnt im Rosenkern mit feinen Druckern und Linien. Damit moduliert man die Blätter im Kernschatten heraus, während die übrige Rose eine sparsame Behandlung erfährt. Der Schattierpurpur entwickelt sich im Schmelzfeuer zu einem kräftigen Farbton. Damit wird auch der grüne Stiel der Rose überzeichnet und mit Dornen versehen. Das Blattgrün und die Knospenhülle werden ebenfalls mit dunklerer Farbe ausgearbeitet. Ein Gemisch von Schattierpurpur, kräftigem Grün und etwas Braun erreicht die richtige Wirkung zur Gesamtstimmung. Dann kann die Rose mit der flüssigeren Anlagefarbe in ihren Schatten noch ein wenig vertieft werden, doch ist eine zu dicke Lage aus bekannten Gründen zu vermeiden.

Der Lernende wird die Rosenmalerei mit dem am besten dazu geeigneten Eisenrot eine Weile üben müssen, bis er die notwendige sichere Pinselführung erreicht. Eisenrot besitzt als einziges Produkt die Eigenschaft einer Anlage- und Ausarbeitungsfarbe. Zur Anlage und Schattierung eignen sich die Malpinsel, spitz, Größe 3 bis 5, und zur Auszeichnung für Linien die Zeichenpinsel 2 und 3.

76
Dose mit gelber Rose in Maniermalerei. Meißen

77
Eßteller mit Rosendekor in Maniermalerei. ▷ Meißen

Meißner Blumen

Die Farb- und Maltechnik der Meißner Blumen entwickelte sich zunächst aus Naturstudien »Deutscher Blumen«, die damalige Porzellanmaler schufen. Durch ständige Wiederholung eines Dekors erreichten die Maler Routine in ihren Ausführungen. Im Laufe von Jahren machte man sich von der naturalistischen Wiedergabe frei und verändert die Natur der Blumen in dekorativer Weise. Es entwickelte sich ein unverkennbarer Stil. Die Malweise entschied die Pinseltechnik. Jeder Pinselstrich floß in den anderen, und jeder Pinseldruck formte ein entsprechendes Detail der Blumenkomposition. Die Maniermalerei achtete darauf, daß Lichter und lockere Arrangements den Scherben

78
Der Malablauf bei einer Tulpe in Maniermalerei:
1. Das Mittelblatt wird mit einer Pinselfüllung in Wachstumsrichtung angestrichen. Von der Mitte aus verteilt sich die Farbe zum schwächeren Auslauf.
2. Die Seitenblätter werden gesetzt.
3. Die Blüte wird mit den rückwärtigen Blättern versehen, die nur schwach anzudeuten sind.
4. Vor der Auszeichnung und Fertigstellung kann die gesamte Malerei vorgebrannt werden. Hat der Maler ausreichende Sicherheit erworben, ist der Zwischenbrand nicht nötig. Korrekturen lassen sich aber so nicht ausführen, ohne die vorgemalte Farbe zu zerstören.

nicht überdeckten. So erzielte man eine leichte und elegante Wirkung. Jede Blume besitzt eine charakteristische Form und Struktur. Beide werden durch den Farbauftrag mit richtiger technischer Handhabung des Pinsels erreicht. Die Rose gehört in ihrer bereits beschriebenen Art genauso dazu wie die Tulpe, die Aster, der Mohn und andere. Allen gemeinsam ist die Reihenfolge von der ersten hellen und weichen Anlage bis zur Ausarbeitung in farbmäßiger und zeichnerischer Hinsicht.

Die Tulpe hat für den Lernenden den Vorteil, daß die Strichmanier mit Großflächigkeit verbunden werden kann. Die Anlage beginnt mit dem mittleren Blütenblatt. Nach der Andeutung der Blattmitte fügt man mit einem Malpinsel Strich an Strich, mit Druckansatz und spitzem Auslauf, beide Seiten zur Blattmitte zusammen. Nach unten entsteht ein Übergang zu Weiß. Später kann dort eine weitere Farbe (Gelb) ein-

Die Aster wird in folgender Weise behandelt:
1. Sternförmig um den Kern streicht man mit einer Pinselfüllung die Blätter in etwas bewegter Form an. Es entstehen bereits eine Licht- und eine Schattenseite.
2. Der Pinsel wird von Farbe befreit und mit etwas Terpentinöl und Balsam eingestrichen. Diese Malöle haben die Eigenschaft, die Farbe aufzulösen. Der Pinselstrich hebt die Farbe heraus, und es entsteht eine weitere, hellere Blattreihung, die an der Schattenseite mehr Farbe aufweist.
3. Der Kern wird auf gleiche Art von Farbe befreit und mit einem anderen Farbton versehen.
4. Bei der Ausarbeitung können weitere kleinere Blätter gesetzt werden. Sie heben sich dunkel ab.

79, 80, 81
Je ein Zweig einer Tulpe, einer Aster und einer Trichterwinde sind hier auf Meißner Porzellan beispielhaft ausgeführt worden.

gesetzt werden. Die Ergänzung der Blüte geschieht in ähnlicher Weise. Zunächst kontrastiert man dieses Vorderblatt mit einem dunkleren Seitenblatt. Danach umschließt man die Tulpe mit den äußeren Blättern, wobei ein Überschlag einer Blattform einen charakteristischen Effekt erzielt. Die Ausarbeitung dieser Grundform kann in den verschiedensten Farbvariationen erfolgen, da selbst die Natur fast unerschöpfliche Farbkombinationen zuläßt.

Die Aster hat sternartig um einen Kern gesetzte Blätter, die trichterförmig zur Mitte einsinken. Die Anlage beginnt mit den äußeren, dunklen Blättern an der Seite des Lichteinfalls. Mit gleichmäßigem Pinseldruck wird Farbe in stärkerer Lage vom äußeren Blütenrand bis zum Kern in einem Pinselzug gestrichen. Diese Aneinanderreihung setzt man zuerst am oberen, also hinteren Halbkreis ohne erneute Farbaufnahme fort und erhält durch das Leerstreichen des Pinsels den Übergang zur hellen Seite der Blüte. Danach nimmt man wieder Farbe auf und schließt die Blütenform mit dem vorderen Halbkreis. In der gleichen Weise, wie die Umschläge eines Rosenblattes mit einem leergestrichenen Pinsel herausgewischt werden, gestaltet man den inneren, hellen Kranz. Diese Pinseltechnik bewirkt einen sehr weichen, malerischen Eindruck und läßt sich leicht ausführen. Zum Schluß wird der Kern angelegt. Die Ausarbeitung beginnt wiederum an der Schattenseite der unteren Blätter. Ein Mittelton einer dunkleren Farbe verstärkt die plastische Form durch das Auslaufen des Farbwerts wie bei der Anlage. Am Schluß setzt man durch sogenannte Drucker die Tiefe. Damit man dazu eine Farbreserve hat, ist es wichtig, bei der Ausarbeitung nicht zu dunkel zu beginnen, sonst entsteht eine zu schwere Blume. Diese wirkt nicht locker und duftig, wie sie auf Porzellan dargestellt sein sollte. Vor allem dürfen nicht die Lichter zugestrichen werden, die für die Transparenz und für die materialgerechte Verbindung mit dem Scherben wesentlich sind.

Das Bukett

Ein interessierter Porzellanmaler wird bei der Betrachtung von anerkannt guten historischen Blumendekorationen sicher nach dem Grund forschen, warum diese beliebt geblieben sind. Eigene Naturstudien brachten ihn wahrscheinlich zu der selbstkritischen Erkenntnis, daß sie auf Porzellan übertragen steif und hart wirken oder daß sich die Anordnung einer Komposition zerschneidet. Es gilt, eine harmonische und dekorative Linienführung zu finden, die man sich bei Beachtung nachstehender Hinweise und in fleißiger Einübung aneignen kann.

Bei kleinen Blumenstreuern wie bei einem Bukett ist die Anordnung und Gestaltung eines Zweiges in einer oder mehreren S-Linien zu führen. Mit Überraschung stellt man dann fest, daß die der Natur nach-

82
Blumenvase mit Blumenbukett

83, 84
Beispiele von Blumenbuketts auf Tasse und Untertasse. Hersteller: Porzellanmanufaktur Meißen

empfundene Geradlinigkeit dagegen gespreizt und fremdartig wirkt. Die an die Form angepaßte Komposition verbindet sich in leichter und eleganter Weise. Jedoch ist die Anwendung der S-Linie nicht die einzige Möglichkeit, einer verfehlten Anordnung zu entgehen. Parallele Wiederholungen zum Beispiel wirken langweilig, nicht nur bei der Linienführung, sondern auch bei allen Formen und Größen, Farbtönen und Farbstärken. Bei einer Überschneidung oder Gegenüberstellung zweier S-Linien entsteht die sogenannte Zange. Sie ist ein Beispiel von falsch angewendeter, nicht dekorativer Darstellung, auch wenn die Blumen noch so duftig gemalt worden sind.

85, 86, 87
Beispiele von Blumenbuketts, wie sie im Arrangement zusammengestellt werden können. Dabei ist besonders auf die Farbgebung zu achten. Hersteller: Porzellanmanufaktur Meißen

109

Rosenranke

Das Motiv der Girlande als Verzierung und schmückendes Element ist stets beliebt gewesen und immer wieder verwendet worden. Die Blütenart wurde je nach Bedarf und Aussage verschieden gewählt. Die wohl am häufigsten verwendete Blume dürfte die Rose sein. Sie hat auf Porzellan sicher den Hauptanteil unter den gebräuchlichen Motiven.
In welcher Weise die verschiedenen Dekore angelegt wurden, mögen die verschiedenen Abbildungen verdeutlichen. Die Hängegirlande auf der Vase (Abb. 89) zeigt eine liebevolle Behandlung der Blüten und Knospen, die von grünem Blattwerk umrahmt und gehalten werden. Diese Vase soll prunkvoll wirken und erreicht mit der Unterstützung von Gold und Farbrändern eine gewisse Fülle und Reichtum. Das Hauptaugenmerk richtet sich trotzdem auf die Rosenranke.
Die Tasse (Abb. 90) zeigt eine gleichumlaufende, ohne Schwünge

88
Auch eine moderne Gestaltung kann zu verträumter Sinnenhaftigkeit führen. Zu zarten Farben ist die Anwendung von Gold nicht sinnvoll. Entwurf: Björn Wiinblad; Hersteller: Rosenthal

89
Möchte man auf historische und verspielte Art Porzellan verzieren, so sind diese Porzellane mit Rosenranke und Rosenband als Anregung gedacht. In Verbindung mit Goldmalerei erreicht man barocke Fülle. Deckelvase mit einem Dekor aus Rosenband und Rosengirlande. Nyon, um 1800. Nyon, Museum

90
Deckeltasse mit einem Dekor aus Rosenbändern. Nyon, um 1800. Genf, Musée de l'Ariana

angelegte Ranke, die sparsamer, lockerer und zierlicher ist. In dieser Anlage spürt man die Leichtigkeit und die Vermittlung der Freude bei Gebrauch des noblen Materials. Zu beachten ist die Laufrichtung der Ranken: Zum Ausgleich der Einseitigkeit wählte man jeweils beim darauffolgenden Band die Gegenrichtung; ebenso bei der Gestaltung der Goldverzierung.

Ein anderes Beispiel zeigt eine Ranke in moderner, abstrahierender Form (Abb. 88). Details sind auf das Wesentliche einer Blume reduziert und vermitteln besonders durch die zarte Farbgebung Leichtigkeit und eine andere, eine neue Sensibilität. Bewußt wird auf Gold verzichtet und dadurch eine wohltuende Bescheidenheit erzielt, ohne sparsam zu wirken.

Die Ausführung richtet sich, wie bei den vorausgegangenen Blumenmalereien, nach der Übertragung der Pause auf die leichte Farbanlage. Beabsichtigt man, zwei Schmelzbrände vorzunehmen, ist es zweckmäßig, auch das Gold beim ersten Brand mit anzulegen. Dadurch kann eine eventuell notwendige Goldausbesserung gleichzeitig mit dem etwas schwächeren Brand für die schattierten und ausgezeichneten Blumen ausgeführt werden. Bänder und Goldkanten können mit dem Allschreiber vorgezeichnet werden; diese Anzeichnung verbrennt im Feuer spurlos.

Blumenstreuer

Streudekore sind für die Veredelung von Ware mit kleinen Brennfehlern so gut wie dazu erdacht. Es ist bis zu einem gewissen Grad möglich, kleine Schleifflecken oder Eisenpunkte zu überdecken, die durch den Befall mit Brennkapselstaub hervorgerufen werden. Die Anwendung der Streudekore erfolgt daher ausnahmslos auf Artikeln der dritten

91
Mit nur drei verschiedenen Streuern wurde hier in strenger Reihung nahezu die ganze Form überdeckt. Die Tellerfläche soll, wegen der Abnützung bei Gebrauch, möglichst frei bleiben. Hersteller: Rosenthal Group Germany, Classic Rose Collection

92
Suppentasse mit Blumenstreuern. Nyon, um 1800. Nyon, Museum
Mit Blumenstreuern lassen sich gut Fehler an der Porzellanoberfläche verdecken, da die Anlage entsprechend dicht gesetzt werden kann. Trotzdem ist eine geometrische Reihung meist von Vorteil, weil sie einen verwirrenden Eindruck verhindert.

Wahl. Die zweite Wahl verwenden Markenfirmen für anspruchsvolle Geschirre, die so gut wie fehlerlos sein müssen. Die erste Wahl ist fast nicht erreichbar.

Ein gut verteiltes Streublumenmuster erweckt keineswegs einen minderwertigen Eindruck. Die Beispiele (Abb. 91, 92 u. 93) variieren von lebhafter, kraftvoller Bodenständigkeit bis zur vorsichtig zarten Reihung oder Besprenkelung. Bei freier Anordnung der Motive kann mit der Übermalung der bestehenden Fehlerpunkte begonnen werden. Die übrige Fläche füllt man entsprechend auf, oder man bildet von vornherein Gruppen, die sich in Größe und Zusammensetzung verändern und beziehungsvoll zueinander stehen. Sinnvoll ist hierzu die vorherige Markierung mit Lochpausen von den einzelnen Motiven. So erhält man einen Überblick über die Ausgewogenheit der Anordnung und erspart sich eine eventuelle spätere Korrektur mit vermehrter Mühe.

Diese Dekorgestaltung kann in einem Farbgang zu Ende geführt werden und erfordert deshalb nur ein Schmelzfeuer. Selbst bei einer Konturzeichnung der Motive mit einer Feder kann die Ausmalung mit Farbe, nach mehrstündiger Antrocknung, ohne Zwischenbrand erfolgen. Allerdings löst sich die Zeichnung bei längerer Übermalung wieder auf. Um dies zu verhindern, mischt man für die Federzeichnung die Farbe statt mit den üblichen Ölen mit Zucker und Wasser auf, die darüberliegende Farblasur mit Öl.

93
Kühlgefäß in Empire-Form mit Blumenstreuern. Nyon, um 1800. Nyon, Museum

115

Stilisierte Blume

Die naturalistische Malerei versucht in ihrer Darstellungsweise, die Dinge, wie sie dem Auge erscheinen, möglichst getreu wiederzugeben. In der Porzellanmalerei gab es besonders um die Jahrhundertwende zahlreiche Versuche in dieser Richtung. Trotz mancher technisch hervorragenden Resultate wirkte die Malerei nicht dekorativ. Durch Überladung mit Farbe fehlt die Einbeziehung des Werkstoffes und so konnte keine Verbindung zwischen Form und Dekoration entstehen. Die stilisierte Blumenmalerei macht sich in der Gestaltung von vorgegebenen Zwängen der Natur frei und verwendet und verwandelt das Wesentliche in freier Form. Sie ist stets auf dekorative Wirkung bedacht. Das Ziel ist dabei immer, mit knappen Mitteln das beste Ergebnis zu schaffen.

94
Tischschale mit Kobaltmalerei. Entwurf: Björn Wiinblad; Hersteller: Rosenthal

95
Eine stilisierte Rose in Aufglasurtechnik zeigt deutlich die Handschrift des Malers. Der Schwung des Pinsels entscheidet letztlich über das Gelingen einer frischen Impression. Entwurf: Björn Wiinblad; Hersteller: Rosenthal

96
Stilisierte Blumen sehen bei gekonnter Ausführung in Kobaltmalerei sehr reizvoll aus. Der dazu nötige Scharffeuerbrand läßt die blaue Farbe in die erweichte Glasur fließen und verhindert damit jedwede harte Kontur. Zudem besitzt Kobalt eine starke Leuchtkraft. Entwurf: Björn Wiinblad; Hersteller: Rosenthal, Form »Romanze«

Am Beispiel der stilisierten Rosen von Björn Wiinblad, Dänemark, spürt man die dekorative Kraft der Malerei (Abb. 94, 95, 96). Das »Rosendrehen« der Maniermalerei ist in parodierender Weise ausgeführt. Bei kleinem Detail wird verweilt, alles ist in Fluß, und zudem spürt man die Dornigkeit und die Fülle eines Rosenbuketts. Einer Handschrift gleich verfließen die einzelnen Formen ineinander. Diese Malerei ist wegen des individuellen Schwungs nicht nachvollziehbar. Talentierte Maler erreichen durch ständige Übung einen eigenen Weg mit persönlichem Stil.

Goldstaffagen

Eine Staffage dient hauptsächlich als malerisches Beiwerk in Linienform. Sie unterstützt oder hebt ein bereits vorhandenes Relief oder eine Malerei. Staffiert werden Henkel und Schnaupen (Ausgüsse) von Geschirr und oft auch Teile einer Porzellanfigur. In der Hauptsache verwendet man dazu flüssiges Poliergold, seltener andere Edelmetallpräparate oder Farbe. Im Vergleich zu den vorher genannten Verzierungstechniken ist eine Vergoldung am leichtesten auszuführen. Die Zusammensetzung der flüssigen Goldpräparate garantiert optimale Eigenschaften für Staffage- und Ränderarbeiten. Die feinen Schnitzer (auslaufende Linien) und Linien der Ornamente werden mit den Fehhaarpinseln Staffierer, spitz, Nr. 3, und die langen Linien entlang der Henkelform besser mit dem Staffierer, schräg, Nr. 3 oder 2, gezogen. Letzterer hat auf dem seitlichen Henkelgrat einen besseren Halt bei der Füh-

98, 99
In der Fläche werden ausschließlich Barock- und Rokokoformen staffiert; ganz im Sinn der damaligen Zeit. Auf diese Weise können Reichtum und Fülle dieser Kunststile wiedergegeben werden. Hersteller: Rosenthal Group Germany, Classic Rose Collection

97
Teller mit Reliefzierat von Johann Melchior Schöllhammer. Bruckberg, 1766/1767

rung und kippt nicht so leicht zur Seite. Die Ausführung muß mit größter Sorgfalt, mit Genauigkeit und schwungvoll erfolgen. Zitterige Einfassungen werden besser nochmals gezogen, den verunglückten Versuch entfernt man mit einem Lappen.

Bei Staffagen auf einem Farbfond ist folgendes zu beachten: Poliergold soll auf weißem Scherben zwischen 790°C und 820°C wie Aufglasurfarbe eingebrannt werden. Will man Gold auf Fond setzen, reicht eine Temperatur von 650°C bis 720°C, je nach Flußreichtum der Fondfarbe.

Alle Arbeiten mit Gold müssen mit äußerster Sauberkeit erfolgen. Das klebrige Material überträgt sich schnell vom Lappen auf die Finger und von dort auf das Porzellan. Unbeachtete Flecken lassen sich später nur mühsam mit dem Goldradiergummi entfernen. Poliergold muß vor Gebrauch so lange geschüttelt werden, bis die abgesetzten schweren Goldteilchen am Flaschenboden nicht mehr sichtbar sind. Zur stetigen Auffrischung auf der Palette benötigt man Goldverdünnung. Nur im Notfall kann etwas Terpentinöl als Ersatz dienen.

Goldblume mit Reliefzeichnung

Golddekore können in den verschiedensten Variationen gestaltet werden und vermitteln einem gedeckten Tisch glanzvolle Festlichkeit. Den Eindruck einer wertvollen Veredelung erreicht man verhältnismäßig leicht und schnell mit einem Matt-Glanz-Effekt, wie er bei der Ätzgoldimitationstechnik angewendet wird. Dazu ist eine eigens dafür präparierte, mattschmelzende Elfenbeinfarbe (Imitationsgoldunterlage) nötig, die wie jede andere Farbe mit Dicköl und Terpentinöl angemischt wird. Mit ihr malt man mit dem Pinsel oder zeichnet mit der Feder linienartig die Flächen aus, die nach dem Einschmelzen dieser Farbe mit Gold überstrichen werden. Die Farblage soll deckend und gleichmäßig sein. Eine zu schwache Schicht erreicht keine Mattierung, und ein zu starker Auftrag kann das Gold versinken lassen, und es wird grau. Ein passendes Blumenmotiv muß nicht immer völlig umrahmt gezeichnet werden. Es erhöht den Effekt, wenn kleinere Partien sparsam behandelt werden oder gar nur mit einer anderen Goldtönung abgesetzt werden. Es gibt im Handel vier verschiedenfarbige Poliergoldpräparate,

100
Goldblumenanlage mit Matt-Glanz-Effekt. Entwurf: Björn Wiinblad; Hersteller: Rosenthal, Form »Romanze«

101, 102
Beispiele unterschiedlicher Goldblumenanlagen mit Matt-Glanz-Effekt. Entwurf: Björn Wiinblad; Hersteller: Rosenthal, Form »Romanze«

103
Hersteller: Rosenthal Group Germany, Classic Rose Collection

104
Hersteller: Rosenthal Group Germany, Classic Rose Collection

105
Der Malablauf bei einer Goldblume mit mattierter Zeichnung:

1. Die Mattfarbe ist als Goldunterlage mit dem Pinsel oder mit einer Stahl-Zeichenfeder als freie Zeichnung aufzutragen und einzubrennen.
2. Für den zweiten Schmelzbrand kann der Strauß mit verschiedenen Goldpräparaten mit unterschiedlicher Farbtönung ausgemalt werden, die man dann einbrennt.

nämlich grünlich (Citron), gelb, rötlich und kupferfarbig. Die Goldunterlage wird bei 820°C, die anschließende Vergoldung bei 790°C eingebrannt. Das niedere Goldfeuer verhindert ein Versinken in der Goldunterlage, dies muß beachtet werden. Das fertig gebrannte Stück kann mit der Glasbürste oder mit Seesand poliert werden, und der Erfolg wird strahlend sichtbar.

1. Schmelzbrand: Goldunterlage   2. Schmelzbrand: Citrongold   Kupfergold

Anregung für wertvolle Geschenke

Nach vielen Übungen und Versuchen wird sicher der Wunsch erwachen, nicht nur Proben der erlernten Tätigkeit herzustellen, sondern auch Stücke nach eigener Vorstellung zu entwerfen. Nötigenfalls braucht man dazu einige Anregungen, wie man Gebrauchsgegenstände mit wertvoll wirkender Dekoration gestalten kann. Jeder Maler findet seine eigene Art und Weise, wie er einem Geschenkartikel eine persönliche Note verleiht. Das drückt sich in der Farbgebung genauso aus wie in der Motivwahl und in der Art der Darstellung. Eigens erdachte oder von einer Anregung abgeleitete Verzierungen eines noch dazu nützlichen Gegenstandes haben mit Sicherheit viel Erfolg. Die Technik mit dem Matteffekt der Goldunterlage als Ätzimitation bietet sich für

106
Entwurf: Björn Wiinblad; Hersteller: Rosenthal

107
Wertvolle Geschenke der verschiedensten Art lassen sich in der vorher genannten Weise besonders wirkungsvoll herstellen. Zwei Dekorbrände (Goldunterlage und Goldfläche) machen die Arbeit zu einer kostspieligen Angelegenheit. Die großen Blütenflächen werden erst in Gold gesetzt, gebrannt und für das zweite Feuer mit Schwarz konturiert und ausgezeichnet. Entwurf: Alain le Foll; Hersteller: Rosenthal

108
Entwurf: Björn Wiinblad; Hersteller: Rosenthal

besonders wertvolle Geschenke geradezu an. Allerdings steigert die Anwendung von sehr viel Gold nicht zwangsläufig auch den Wert. Es ist hier wie immer zu bedenken, daß der Werkstoff nicht zum Malgrund degradiert werden darf. Der Artikel soll durch die Dekoration seine Identität nicht verlieren. Das Beispiel der großen Blüten in vier verschiedenen Goldtönen (Abb. 107) zeigt, daß Gold auch mit Farbe übermalt werden kann. Hierbei ist im umgekehrten Sinn der oben erwähnten Technik die Goldlage zuerst einzubrennen und vor der Bemalung zu polieren (s. »Goldpolierung«). Schwarz eignet sich als Kontrastfarbe sehr gut dazu.

Goldverzierungen

Eine weitere Möglichkeit, eine begehrenswerte Dekoration zu schaffen, ist die Verzierung des Farbdekors mit Gold. Die Kombination beider Materialien (Abb.109) ist ein vorzügliches Beispiel einer empfindsamen Abwägung von Gold und Farbe. Der Reichtum wirkt keineswegs überladen. Der Werkstoff Porzellan durchbricht das breite Dekorband und trägt es als Schmuck.

Der Entwurf ist als Banddekoration gestaltet, die von Aussparungen mit Blumenzweigen unterbrochen wird. Die formgerechte Anpassung des gesamten Dekorbandes wirkt daher aufgelockert und bewegt. Die Ausführung einer derartigen Anordnung müßte in folgender Weise geschehen: Man stellt das Werkstück auf eine Ränderscheibe, zentriert es genau und zieht mit dem Allschreiber provisorisch die Bandbreite und die Mittellinie. Ist das gewünschte Maß gesetzt, zieht man auch die übrigen Linien mit dem Stift. Danach markiert man von einer Kreisschablone aus Papier die Anzahl der gewünschten Aussparungen in gleichen Abständen auf den zu dekorierenden Artikel. Bei einer zylindrischen Form kann man auch mit einem Papierstreifen den Umfang messen und die Markierung so genau erreichen. Nun schneidet man sich eine ovale Papierschablone und umfährt sie an den im Dekorband auf Porzellan markierten Stellen. Nach dieser gerippehaften Anzeichnung des Dekors kann man an das Detail denken. Begonnen werden muß mit der Farbe. Der Blumenzweig kann nun von einem Entwurf mit einer Pause übertragen oder mit dem Stift frei vorgezeichnet werden. Alle diese Anzeichnungen verbrennen später im Schmelzbrand und brauchen nicht entfernt zu werden. Nach der Farbanlage gestaltet man mit Gold den Umfang der Aussparungen, staffiert Henkel und Knopf, zieht auf der Ränderscheibe alle Linien bis auf die des Bordrandes und vervollständigt das Muster nach der Vorlage. Für diese Ausführung eignet sich flüssiges Poliergold, das mit pulverisiertem Malergold angereichert werden kann. Wegen der Stoßgefahr wird der Bordrand erst am Schluß vergoldet.

Nach dem ersten Schmelzbrand bei 820° C poliert man zuerst die Goldmalerei. Wird dazu eine Glasbürste verwendet, ist eine Reinigung mit Wasser notwendig, da Rückstände festbrennen. Von unbehandeltem, mattem Gold lassen sich Fingerabdrücke nicht mehr wegpolieren. Die Blumenpartien müssen nun mit härteren, also flußarmen Farben ausgearbeitet werden. Der zweite Brand erfolgt etwas niederer, nämlich bei 760° C, damit die Zeichnung auch stehen bleibt.

109
Terrine mit Golddekor. Nyon, um 1800.
Nyon, Museum.

Zeichenfederdekor

Ganz feine Linien einer Zeichnung können mit einem kleineren, sehr spitzen Zeichenpinsel ausgeführt werden. Diese Tätigkeit muß behutsam und mit Konzentration erfolgen. Einen flinken Strichcharakter kann man aus diesem Grund damit nicht erreichen. Die ganze Kraft einer Handschrift läßt sich aber mit einer Zeichenfeder aus Stahl erzielen. Sie gleitet auf Porzellan noch besser als auf Papier in jede beliebige Richtung und reagiert in der Strichstärke auf jeden Druck bis hin zum hauchdünnen Auslauf. So gestaltete Dekore haben eine grazile Wirkung. Zum Gelingen dieser Arbeit gehört das richtige Aufmischen der Farbe für die Feder. Falsch zubereitete Farbe kann einem Anfänger

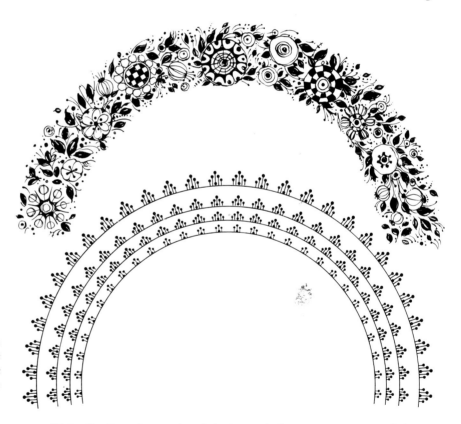

110
Diese Tellerdekorationen sind weitere Anregungen, selbst in eigener Handschrift nach Lösungen zu suchen. Mit etwas Phantasie entstehen so manche gute Ideen, die in die Tat umgesetzt werden können. Entwurf: Björn Wiinblad

gründlich die Freude an der Arbeit verderben. Daher ist auf das Mischungsverhältnis genau zu achten. Die Mischung soll aus einer Spachtelspitze Farbpulver, einem halben Tropfen Balsam oder Dicköl, 4–5 Tropfen Terpentinöl bestehen, und zur längeren Erhaltung der Konsistenz gibt man einen Tropfen Nelkenöl hinzu. Wird nach einer Weile die Farbe trotzdem zäh und fließt nicht mehr aus der Feder, mischt man sie mit Terpentinöl neu durch. Dazu genügt die Menge einer getauchten Spachtelspitze. Es wäre falsch, nochmals Nelkenöl nach kurzer Zeit beizumengen. Die Farbe würde so in der Zeichnung zerfließen, nur ganz hell erscheinen und sich damit von der vorangegangenen Arbeit unterscheiden. Später, wenn die ganze Farbe durch die wiederholten Zugaben von Terpentinöl zu fett und nicht mehr verarbeitungsfähig geworden ist, stellt man durch Hinzugabe von Farbpulver das alte Verhältnis wieder her. Dann kann auch das Frischhalteöl wieder berechtigt beigemengt werden.

112
Ein Federzeichnungsdekor kann mit jeder keramischen Farbe, aber auch mit Malergold gestaltet werden. Entscheidend für das technische Gelingen ist das richtige Mischungsverhältnis zwischen Farb- bzw. Goldpulver und Malölen. Entwurf: Erich Demel; Hersteller: Thomas Porzellan

111
Rosettenartige Entwürfe sind für Teller sehr vorteilhaft. Dieser Charakter muß jedoch auch auf völlig anderen Formen wie Kaffeekanne, Tasse, Zuckerdose und Ragoutschüssel erhalten bleiben. Hier beginnt die zweite Entwurfsarbeit nach der Ideefindung.

Landschaft

Die Landschaftsmalerei auf Porzellangegenstände erfordert sowohl in der Komposition als auch in der Ausführung viel Fingerspitzengefühl. Neben der richtigen Wahl der Plazierung ist die Perspektive der Raumtiefe zu beachten. Während schon eine flache Form mit einer Landschaft durchdrungen aussehen kann, wirkt sie auf einer Hohlform oft unangenehm durchbohrend und zerstörend. Die Malerei paßt sich in einem solchen Fall der Form oft nicht mehr an; sie entwickelt ein Eigenleben und behandelt das Material nur als Malgrund. Zur Gestaltung gehört auch die Überlegung, ob bei der Betrachtung die Überschaubarkeit des Motivs gegeben ist. Kugelige und schmale, lange Formen verzerren Linien und Flächen. Sie sind demnach schlecht für derartige Dekorationen geeignet, falls sich der Verlust des Überblicks nicht dadurch vermeiden läßt, daß die Bildfläche nach oben ausweichen kann. Es sind deshalb breite, zylindrische Gefäße und natürlich alle flachen Formen von Vor-

113
Mehrfarbige und einfarbige Landschaftsdekore nach Vorlagen in der Art von Watteau sind sehr häufig auf Porzellan übertragen worden und waren sehr beliebt. Manufacture du comte d'Artois, um 1785. Stockholm, Nationalmuseum

teil. Damit der Hintergrund landschaftlicher Darstellungen nicht zu sehr störende Raumtiefe wiedergibt, ist es ratsam, diesen mit einem unbemalten Lückenabstand und dann in zarter Farbtönung abzusetzen. Alle diese beachtenswerten Anmerkungen haben weniger Bedeutung, sobald eine Darstellung in flächenhafter Weise als Zeichnung dekorativ gestaltet wird. Der Konflikt einer Formzerstörung ist hier nicht vorhanden. Die Federzeichnungen von Björn Wiinblad (Abb. 114 u. 115) sind anschauliche Beispiele.

114
Dieser Teller zeigt eine moderne Lösung einer Landschaftsmalerei. Die Perspektive ist nur angedeutet und durchbricht deshalb den Gegenstand nicht. Die Zeichnung wirkt dekorativ, aber auch kulissenhaft. Entwurf: Björn Wiinblad; auf Rosenthal-Porzellan ausgeführt

115
Diese Dekorationslösung für eine Landschaft auf einer zylindrischen Tasse vermeidet ebenfalls die Raumtiefe, das ist besonders bei Hohlformen sehr wichtig. Die Szene umfaßt flächenhaft den ganzen Artikel. Entwurf: Björn Wiinblad; auf Rosenthal-Porzellan ausgeführt

Monogramm

Das Monogramm ist eine Figur aus einem oder mehreren Buchstaben und wird gern zu einem Ornament gestaltet. Es ist das Zeichen für Namen oder Titel. Im Mittelalter ersetzte das Monogramm die eigenhändige Unterschrift; Künstler und Handwerksmeister versuchten damit, ihre Arbeiten vor Nachahmung zu schützen. Das Monogramm dient bis heute als Ausdruck des Selbstbewußtseins, mit ihm wird ein Werk verbürgt oder der Besitz bezeichnet.

Die Gestaltung der Initialen ist so vielfältig und phantasievoll, wie das Wesen ihrer jeweiligen Besitzer, das sie widerspiegeln und dem sie gerecht werden sollen. Heute findet man hauptsächlich im Hotelbereich die Anwendung des Firmenzeichens, oft eingebettet in ein Dekorband oder kombiniert mit ihm.

Die Idee eines eigens mit Monogramm gefertigten kleinen Service läßt sich aus Rentabilitätsgründen in einem Betrieb schlecht verwirklichen. Hier ist ein Betätigungsfeld für einen Maler zu sehen, dessen Leistungsfähigkeit unter Beweis gestellt werden kann. Phantasievolle Buchsta-

116
Dieses Tintenfaß mit dem Monogramm des Sohnes von J. Dortu scheint eine Auszeichnung für gute Schulleistungen gewesen zu sein. Nyon, um 1800. Genf, Musée de l'Ariana

117, 118, 119
Verschiedene Monogramme auf Porzellan der Manufaktur Nyon. Nyon, Museum: 117, 119; Genf, Musée de l'Ariana: 118

benformen können sich graphisch verbinden, und eine entsprechende zusätzliche Kante schafft den Zusammenhalt durch die Fortführung der Dekoration auf der Form des Artikels.
Der Inhaber eines derart gestalteten Service verweist sicher mit Stolz auf die gelungene Arbeit des Dekorentwerfers.

120, 121
Monogramme in alter oder neuer Form sind stets beliebt. Ihre vielfältigen Gestaltungsmöglichkeiten lassen der Phantasie freien Raum. Moderne Lösungen verbinden die Initialen häufig mit einem Dekorband oder bauen sie darin ein. Entwurf: Björn Wiinblad; Hersteller: Rosenthal, Form »Lotus«

Fondflächen

Der Fond, der eigentlich als Hintergrund verstanden werden soll, erzielt je nach Farbwahl und Dessin ein besonderes Gewicht auf Grund seiner Fläche. Er gibt einem Gegenstand eine Farbstimmung und verdeckt oder verändert die Farbe des Werkstoffes, auf dem er angebracht wird. Es ist im Interesse einer guten Harmonie von Artikel und Dekoration immer wichtig, Aussparungen der Farbe in die Dekoranlage miteinzubauen, will man nicht einen imitierten oder getauchten Eindruck entstehen lassen.

Dieser Erkenntnis folgend, legte man bereits in den Anfängen der Porzellandekoration Rocaillen, Reserven oder Kartuschen dazwischen. Das Material Porzellan bleibt dadurch immer wieder gegenwärtig und sichtbar. Gute moderne Entwürfe beziehen ebenfalls weiße Flächen in die Komposition mit ein. Sie steigern bei vielfältiger Farbanwendung die Farbwirkung. Industriell gefertigte Waren dieser Art werden bei Einfarbigkeit oft im Spritzverfahren hergestellt und bei mehrfarbigen Arbeiten im Siebdruckverfahren. Möchte man sich selbst Farbflächen-Dekore erstellen, ist das auch ohne großen technischen Aufwand möglich.

122
Dieser moderne Dekor mit Goldflächen in verschiedenen Farben, die miteinander gut harmonieren, hat eine effektvolle Wirkung. Eine prunkvolle Gestaltung erreicht man, wenn grafisch ausgewogen einzelne Felder mit Goldlinien umrahmt werden und in sparsamer Anwendung vereinzelt kleine Goldfelder inmitten von Quadraten erscheinen. Entwurf: Ute Schröder-Fickers; Hersteller: Rosenthal

Steht eine zylindrische Vase oder Dose zur Verfügung, legt man ein Papier um den Körper, markiert den Zusammenschluß und mißt die Höhe. Nach dieser Abwicklung entwirft man eine entsprechende Dekoration mit mehreren Farbflächen und spannt diese um den Artikel. Wird die Übertragung kompliziert, macht man sich eine Pause (s. »Pause«). Die Farbe mit dem größten Flächenmaß soll zuerst angebracht werden. Deshalb werden sämtliche übrigen Farben mit Abdecklack abgegrenzt und isoliert. Ist keine Spritzeinrichtung vorhanden, stupft man den Fond (s. »Fond«). Nach Trocknung der Farbe zieht man den Isolierlack als Film ab, kontrolliert die Sauberkeit der freien Flächen und schmilzt den Artikel bei 820° C. Bei verschiedenen, nicht aneinandergrenzenden Farben ist es aber nicht nötig, jeden Farbgang separat zu brennen. Sicher gibt es einen Weg, die Isolierung so zu gestalten, daß die Farben für zwei oder drei Feuer angebracht werden können. Gleichzeitig könnte auch Gold in die Komposition einbezogen werden, das aber nur mit dem Pinsel aufgetragen wird. Soll es nicht auf dem weißen Scherben, sondern auf Farbe stehen (vielleicht hat man sich erst nachträglich zu seiner Verwendung entschlossen), muß es im letzten Arbeitsgang aufgetragen und bei 650–680° C eingebrannt werden. Bei höherer Temperatur versinkt Gold in Farbe.

123
Diese Kaffeekanne mit Purpurfond und bunten Uferlandschaften in den Reserven zeigt eine handgestupfte Fondfläche. Der Purpur besitzt noch wenig Flußmittel, deshalb bleibt in der Farbe eine Struktur hart stehen. Frankenthal, um 1770. Slg. Frau Dr. Andreina Torré, Zürich

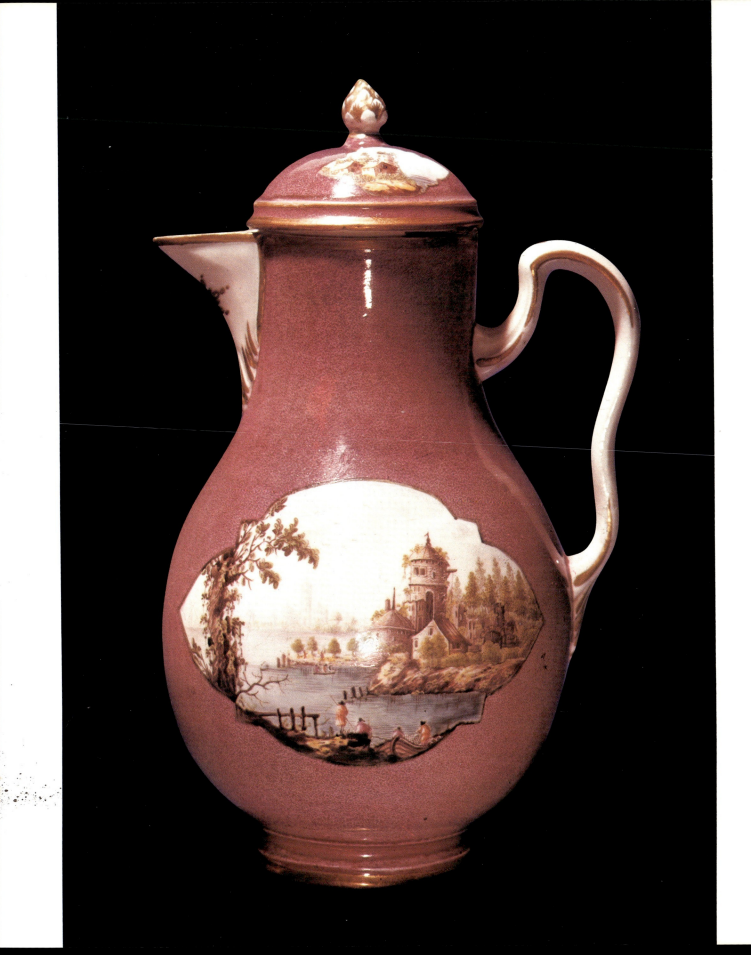

Prunkdekoration

Sind alle bisher angeführten Malanleitungen mit Erfolg ausgeführt oder probiert worden, hat man vielleicht den Mut gefaßt, ein besonders prachtvolles Stück in Angriff zu nehmen. Die Entscheidung hierzu ist wohl nicht so schwer, als vielmehr die Ausführung selbst. Ein Prunkdekor ist hauptsächlich im Sinne von Üppigkeit zu verstehen, als gezeigter Reichtum. Das bedeutet auch eine Vielfalt von verschiedenen Dekorationstechniken und Materialien. Letzten Endes dient die ganze Mühe als Beweis eigener Malkunst auf Porzellan.

Eine Tischschale – das ist eine Tellerform von mehr als 30 cm Durchmesser – ist ein besonders geeignetes Stück. Der Entwurf soll farbig sein und mit Edelmetallen kombiniert werden. Am Beispiel einer Schale (Abb. 124) wird der Arbeits- bzw. der Herstellungsablauf geschildert. Zuerst stellt man den roten Hintergrund her. Der Vogel und die große

124
Der Paradiesvogel schmückt eine Tischschale im Chippendale-Stil in traditioneller Dekorgestaltung. Selb, Rosenthal-Archiv

Blüte heben sich aus dieser Farbfläche heraus. Deshalb müssen beide von einer Pausenzeichnung mit Graphitpapier in sichtbaren Konturlinien übertragen und mit Abdecklack isoliert werden. Ebenso isoliert man den begrenzenden Rand am Tellerbord. Nun sollte die rote Farbfläche im Spritzverfahren ganz gleichmäßg aufgetragen werden. Ist das nicht möglich, weil die Einrichtung fehlt, muß der Vesuch mit dem Stupfverfahren gemacht werden. Mit Hilfe der Ränderscheibe bändert man die Farbe so gleichmäßig wie möglich mit einem breiten Fondlegerpinsel auf die ganze Tischschale. Doch zuvor mischt man 3–4 Tropfen Nelkenöl als Frischhaltemittel an das Rot. Die gleichmäßige Farblage erreicht man durch die Verteilung mit dem Stupfballen (s. »Fond«). Die Auftragsstärke muß bei den sogenannten Neurot-Farben etwas erhöht werden. Der Grenzwert der Abplatzgefahr liegt jedoch nicht viel höher als bei Blau oder Purpur. Nach der Trocknung des Fonds wird der Abdecklack entfernt, und man untermalt dem Vogel die hell- und dunkelblauen Federn, den Schnabel und den Kopfschmuck, außerdem die Blütenschatten und den roten Kelchrand. Nach dem ersten Schmelzbrand bei ca. 800° C kann die Auszeichnung mit den Goldpräparaten beginnen. Eine genaue Zeichnungsübertragung mit einer Pause ist sehr hilfreich. Mit hochprozentigem pulverisiertem Malergold, das mit Terpentinöl und Balsam aufgemischt wird, zeichnet man zunächst nur die Flächen aus, die keinen Farbgrund haben. Dann bändert man das Poliergoldband am Bord und brennt diese Verzierung bei 760° C ein. Für das letzte Feuer bei 650° C bleibt die Goldmalerei, die auf einer Farbe liegt.

Man muß unbedingt darauf achten, daß Poliergold nicht zu gleicher Zeit mit hochroten Farben geschmolzen wird, da diese sonst verblassen.

Kobaltmalerei

Die intensive blaue Farbe des Kobaltoxids hat die hervorragende Eigenschaft, in allen Farbabstufungen malbar zu sein. Damit ermöglicht sie eine Ton-in-Ton-Malerei, die den Pinselstrichcharakter voll zur Geltung kommen läßt. In der Erklärung der verschiedenen Techniken wurde die Kobaltmalerei im Abschnitt für Unterglasurmalerei beschrieben. Sie läßt sich aber auch in Aufglasurtechnik ausführen. Die Lebendigkeit des ausfließenden Striches erreicht man dabei ebenso. Es ist aber

125
Vasen mit Kobaltmalerei. Entwurf: Björn Wiinblad; Hersteller: Rosenthal

eine sogenannte Scharffeuer-Brenntemperatur von mindestens 1250–1380° C bei Hartporzellan erforderlich. Dieses Kobaltoxid ist im Gegensatz zum Unterglasurkobalt mit etwas Glasur versetzt und entfaltet im Glasurüberzug des Porzellans seinen weichen Farbton. Eine hart gemalte Konturlinie überstrahlt ihre Begrenzung und wirkt dadurch auch breiter. Dies ist von vornherein zu bedenken.

Kobalt wird genauso wie jede andere Aufglasurfarbe mit Terpentinöl und Balsam aufgemischt. Den aufgepausten Entwurf kann man zweckmäßigerweise konturieren. Das gibt der ganzen Komposition einen Halt, da doch im Brand die Farbe in stärkerer Lage auseinanderfließt. Danach können Halbtöne gesetzt und die Kontur auch übermalt werden. Es besteht hier keine Abplatzgefahr. Bei Volldekorationen sollte wie immer die weiße Porzellanfläche als Licht- und Effektelement genützt werden, um den Werkstoff nicht mit Farbe zu erdrücken.

126, 127
Neben figürlicher Malerei sind pflanzliche Motive und Ornamente für Kobaltmalerei sehr gut geeignet. Kobaltoxid wird etwas stärker aufgetragen als normale Aufglasurfarbe. Das Zerfließen im Scharffeuerbrand kommt jeder Malerei zugute. Entwurf: Björn Wiinblad; Hersteller: Rosenthal

Strohblumenmuster

Schon sehr bald versuchte man in Meißen, die Kobaltmalerei in Unterglasurtechnik zu beherrschen und ein stets gleichbleibendes leuchtendes Blau zu erzielen. Dabei ahmte man Vorbilder aus dem Fernen Osten nach, bei denen diese Methode vollendet angewendet war und die eine faszinierende Wirkung erzielten. Die intensive Beschäftigung mit diesem Thema brachte eine Reihe von Dekoren hervor, die asiatischen Einfluß beweisen und doch von eigenständiger Arbeit der Maler Zeugnis geben.

Ein Dekor dieser Art ist das Strohblumenmuster aus der Zeit um 1760, das in unzähligen Wiederholungen und Varianten bis heute in vielen Fabriken hergestellt wird. Die Ausführung von »Den Kongelige Porcelaensfabrik« in Dänemark ist mit besonderer Sorgfalt bis ins Detail auf die Form abgestimmt. Möchte man diesen Dekor auf eine Form in Aufglasurmalerei übertragen, überlege man sich die Anlage erst ganz genau.

128
Einer der berühmtesten Dekore – und fast genauso alt wie das europäische Porzellan – ist das Strohblumenmuster. Um 1760 wurde dieser Dekor, dessen Raumaufteilung auf ostasiatischen Einfluß schließen läßt, in Meißen entwickelt. Besonders berühmt wurde er in dieser Ausführung der Kongelige Porcelaensfabrik in Kopenhagen.

Am besten zeichnet man eine Partie direkt mit dem Allschreiber auf den Artikel. Es kann passieren, daß die Einteilung der Artikel in drei Teile besser aussieht als in vier, besonders bei Hohlformen. Die Markierung geht von der Schnaupenmitte aus. Von dort mißt man in Richtung Henkel. Ist die zufriedenstellende Anzeichnung und Einteilung erfolgt, macht man eine direkte Pause von der Skizze an der Form. Die Lochpause sorgt dann für eine schnelle und gleichmäßige Wiederholung. Nun ist zu entscheiden, ob die Möglichkeit eines Scharffeuerbrandes besteht oder nur die des Schmelzbrandes. Im ersten Fall verwendet man Kobalt, im zweiten eine ähnliche kobaltblaue Aufglasurfarbe. Diese bleibt natürlich, im Unterschied zum Scharffeuerblau, während des Brandes hart stehen. Trotzdem kann der Dekor auch sehr interessant wirken. Zuerst zieht man die hauchdünnen Linien mit einem spitzen Staffierer. Dann setzt man die Punkte, Blüten und Flächen als Halbtöne. Dieser Dekor macht bestimmt nicht nur während des Malens viel Freude, sondern verbreitet auch eine geschmackvolle Tischatmosphäre.

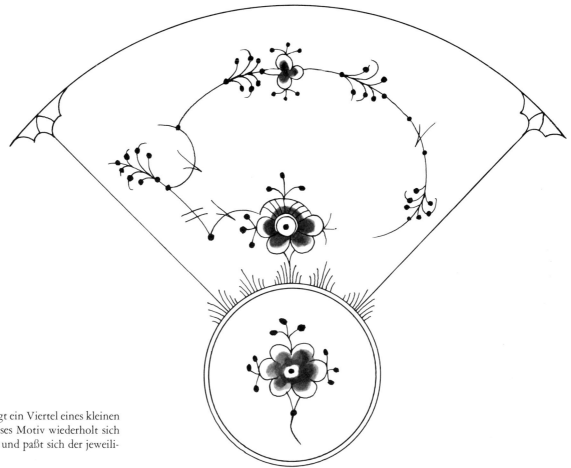

129
Die Zeichnung zeigt ein Viertel eines kleinen Kuchentellers. Dieses Motiv wiederholt sich stets in jedem Feld und paßt sich der jeweiligen Größe an.

Zwiebelmuster

Ebenso wie das Strohblumenmuster ist auch das Zwiebelmuster in Meißen entstanden, und zwar um das Jahr 1739; es geht ebenfalls auf eine ostasiatische Anregung zurück. Die in dieser Art dekorierten, meist barocken Formen verbreiten auf dem gedeckten Tisch eine rustikale und volkstümliche Atmosphäre.

Dieses eigentliche Asternmuster erhielt wohl seinen Namen von den umkränzenden Granatäpfeln, die in zwiebelartiger Form dargestellt sind. Der Granatapfel diente im Altertum häufig als Ornament, er war Sinnbild für Liebe und Fruchtbarkeit. Der Dekoraufbau ist ganz der chinesischen Kunst der Raumaufteilung entlehnt. Der Blütenbaum wächst und spannt sich in die Fläche und wird von der großen Asternblüte im Gleichgewicht gehalten.

Die Ausführung kann hier ebenfalls als Scharffeuer- oder als Aufglasurdekor gewählt werden, wobei die erste Technik ohne Zweifel wertvoller

130
Die erste Fassung des Zwiebelmusters entstand um 1728. Nach ostasiatischen Vorbildern geschaffen, zeigten die Blüten, Knospen und Blätter auf der Tellerfahne vom Bord nach innen. Später wurde die bis heute praktizierte Fassung entwickelt, bei der die Granatäpfel (Zwiebeln) auf der Fahne im Wechsel nach innen und außen gestellt sind. Meißen, 1763–1774. Düsseldorf, Hetjens-Museum

131
Das Zwiebelmuster erreicht seine beste Wirkung in der Unterglasurtechnik. Seit 1927 stellt Hutschenreuther diesen Dekor her, der durch das leuchtende Blau beeindruckt. Hersteller: Hutschenreuther, Form »Maria Theresia«

erscheint und natürlich auch haltbarer gegen Abnützung ist. Die Malerei selbst unterscheidet sich in der handwerklichen Fertigung nicht. Das kobaltähnliche Aufglasurblau wird genauso zuerst für die Konturzeichnung des aufgepausten Dekors etwas zäher, das heißt mit weniger Terpentinöl, angemischt und gemalt wie das schwarze Kobaltoxid für Scharffeuer. Nach der Antrocknung füllt man die dunklen Partien fast in der gleichen Farblage der Kontur, doch heller; der Unterschied sollte erkennbar sein. Zum Schluß legt man die hellen Flächen. Ohne viel Pinselarbeit kann man auch über die gemalte, angetrocknete Kontur Farbe streichen. Bei längerer Streichdauer weicht sie jedoch wieder auf und verwischt sich, deshalb ist es ratsam, mit wenig Terpentinölzusatz zu arbeiten. Am Schluß zieht man die Staffage mit dem Staffierer und die Randlinien mit dem Ränderpinsel. Die Schmelzfeuertemperatur liegt zwischen 820 und 840°C, die des Scharffeuers um 1300°C.

Porzellanfigur

Die Untermalung einer Porzellanplastik erfordert besonderes Feingefühl bei der Farbgebung. Es gilt auch hier zu beachten, daß die Wirkung des Werkstoffes in die Malerei mit einzubeziehen ist. Eine Steigerung und Veredelung tritt nur ein, wenn mit Bedacht und äußerst kritisch bei der Abwägung der Farbwahl vorgegangen wird. Die naturalistische Ausschmückung führt leicht zu einem Ergebnis, das man als »angepinselt« bezeichnen kann. Zu historischen Figuren ist eine genaue Kenntnis der Trachten und der Stoffmuster erforderlich. Dabei sind Studien in einschlägigen Büchern in Museen oder Bibliotheken hilfreich. Pro-

132
Die Bemalung einer Porzellanfigur erfordert viel Geschick und Sensibilität, insbesondere bei der Ausarbeitung des Gesichtes.

133
Schauspieler in langem Mantel, ein Buch in der linken Hand. Modell von Johann Götz, Ludwigsburg, um 1760. Privatbesitz

blematischer erscheint es, eine moderne, oft sehr stilisierte Plastik farblich sinnvoll zu steigern. Hier kann nur die Intuition zur Gestaltung beitragen. Es sollte aber für das fertige Werk nicht der Satz gelten: Weniger wäre mehr gewesen. Im Zweifel ist die sparsamere Anwendung der Farbe nur von Vorteil.

Für die Tierplastik mit ihrer oft notwendigen naturalistischen Behandlung gilt eine abweichende Auffassung der Bemalung. Es werden gegebenenfalls große Flächen farbig angelegt, und dies kann in begrenztem Maße berechtigt und reizvoll sein. Man denke zum Beispiel an Vögel. Einfarbige Tiere wie das Pferd verlieren mit Gewißheit durch einen Anstrich ihren Wert. Dagegen gewinnen sie durch eine dekorative Andeutung von charakteristischen Flecken mit sparsamer Farbwahl.

Am Beispiel einer historischen Figur (Abb. 133) soll der Malablauf erklärt werden. Hat man eine Plastik vor sich, ist die Überlegung der Farbzusammenstellung von Nutzen. Entscheidend für den Beginn der Arbeit ist die Handhabung der Figur selbst. Bemalte Flächen sollen bei der weiteren Behandlung nicht abgegriffen oder sonstwie berührt werden.

In unserem Fall beginnen wir mit der Anlage des Kopfes. Er beansprucht die größte Aufmerksamkeit des Malers. Von dieser Behandlung hängt der Großteil der späteren Bewertung ab. Das Gesicht wird zuerst mit einem feinen, spitzen Pinsel gezeichnet, mit Dunkelbraun Augenlider und Augen, mit verdünnter Farbe die Augenbrauen. Besondere Beachtung muß dem Einsetzen der Iris gelten. Mit Eisenrot wird ein schön geformter Mund im zur Figur passenden Ausdruck gezogen. Danach wird der zarte Fleischton des Gesichtes, mit einer geringen Steigerung an den Wangen, leicht angestrichen und mit einem Stupfpinsel zu gleichmäßiger Farblage vertrieben. Die Haarfarbe beschließt die Anlage des Kopfes. Vor der weiteren Anlage trocknet man die Figur nun zweckmäßigerweise im Trockenschrank. Dann wird nochmals der Kopf ausgearbeitet, und die Haare werden gestrichelt. Die Ausformung der Haartracht kommt so voll zur Geltung. Für alle Farbflächen wird ein Malpinsel, stumpf und lang, verwendet. Nach dem Grün und Rot der Hose und Jacke folgt das zarte Blau des Kragens, dann die Ausarbeitung der Hand mit Buch und die Rosafläche mit Streifen. Danach streicht man die Innenseite des Mantels mit Gelb. Erst jetzt folgt der schwarzbraune Ton des Mantels und der Schuhe. Der grüne Sockel und die Goldstaffage schließen die Farbgebung ab. Bis zu der Schuh- und Sockelbemalung konnte die Figur mit der freien Hand gehalten werden. Zum Schluß dient die Ränderscheibe bei der restlichen Bemalung. Nach dem Brand bei 800° C können die Goldstaffagen an der Kleidung gezogen und bei 650° C eingeschmolzen werden.

Gold-Lüster-Malerei

Eine Fläche, die dem Effekt einer Batikarbeit ähnelt, ist auch auf Porzellan herzustellen. Sie kann sogar in vielen Farbstimmungen gehalten sein. Die irisierenden Metallsalze der dabei verwendeten Lüster liegen hauchdünn und erzeugen ähnlich wie Öl auf Wasser den schillernden Glanz; sie sind jedoch für Gebrauchsgeschirr wegen der verhältnismäßig raschen Abnützung nicht geeignet. Anders verhält es sich bei Zierporzellan. Das wechselnde Farbenspiel kann Anregung zu vielerlei Gestaltungsmöglichkeiten geben. Zur Unterstützung beziehungsweise Veredelung untermalt man Glanzgold oder das teurere Poliergold und schmilzt es bei 790° C. Danach überstreicht man die Goldfläche mit Lüster. Nach der Antrocknung pinselt man »Marmorüberzug für Lüster« darüber und schmilzt alles zusammen ebenfalls auf 790° C. Der gewünschte Effekt ist damit eingetreten. Die Verzierungswirkung erlei-

134
Vasen mit Gold-Lüster-Malerei. Hersteller: Rosenthal

det jedoch einen Mangel, wenn der ganze Werkstoff abgedeckt ist und das Stück wie getaucht aussieht. Interessanter ist eine gewisse Bemalung mit Motiven, eventuell Blumen oder Vögeln, die nur in ihrer Ausdehnung diese Technik tragen, so daß der weiße Scherben als weitere, zusätzliche Farbe mitspielt. Eine nun darübergelegte Goldzeichnung bringt eine wertvolle Steigerung, aber auch einen zusätzlichen Brand. Beabsichtigt man von vornherein eine Goldzeichnung, so kann man auf die Goldunterlegung des Lüsters verzichten und streicht den Lüster und, nach dessen Antrocknung, den Marmorüberzug sofort auf den weißen Scherben. Es ist auch möglich, verschiedene Lüster aneinander zu malen. Eine darübergelegte Goldzeichnung bringt dem Motiv den nötigen Zusammenhalt. Im übrigen zeigt das billigere 12prozentige Glanzgold eine stärkere Effektreaktion als Poliergold. Natürlich ist auch Glanzplatin statt Gold verwendbar.
Folgende Lüsterfarben werden (unter vielen anderen) für keramische Erzeugnisse angeboten:

Rosa	Sepia Rembrandtbraun
Carmin	Goldamber
Purpur	Elfenbein
Kupfer	Irisgelb
Rot (verschiedene)	Orange
Aurora	Grau
Violett	Schwarz
Blau (hell und dunkel)	

Verschiedene Hersteller liefern Flaschenproben von Lüsterfarben (siehe S. 176).

135
Gold-Lüster-Malerei. Entwurf: Björn Wiinblad; Hersteller: Rosenthal

Kinderdekor

Es wird von Erwachsenen immer wieder der Versuch unternommen, die Gedankenwelt der Kinder nachzuempfinden und kindgerechte Darstellungen zu schaffen. Dabei ist beabsichtigt, das Interesse und die Phantasie der Kleinen zu wecken. Manchmal führt diese Bemühung dazu, daß Eltern zwar Gefallen zeigen, die Kinder sich aber distanzieren. Sie selbst besitzen meist eine ungebrochene Kraft in der Wiedergabe ihrer Gefühlswelt, die sie in herrlich bunten, möglichst mit reinen Farben gemalten Bildern ausdrücken.

Als ein gelungener Versuch, der diese Diskrepanz vermeidet und zudem durch logisches Spiel Interesse weckt, darf der Dekor »Mengenlehre« (Abb. 136 u. 137) wohl angesehen werden. Er verleugnet nicht den geistigen Ursprung in der Welt des Erwachsenen und verwendet symbolhafte Elemente für eine farbige, systematisch geordnete Komposition. Dekore in dieser Art kann man selbst gestalten, indem man von verschiedenen Gegenständen einen farbigen Entwurf auf Papier fertigt, wobei Filzstifte sehr hilfreich sind. Von jeder Figur fertigt man eine Lochpause an. Dann zieht man auf dem Geschirr mit dem Allschreiber Markierungslinien für die jeweilige Reihung, indem man die Ränderscheibe zu Hilfe nimmt. Sobald der Gegenstand darauf zentriert ist,

136
Diese sehr gelungene Gestaltung des Kinderdekors »Mengenlehre« wird wegen ihrer klaren Darstellung und Buntheit nicht nur von Kindern sehr geschätzt. Entwurf: Graziella Preiser; Hersteller: Thomas Porzellan

137
Kanne, Becher und Teller mit dem Dekor »Mengenlehre«. Entwurf: Graziella Preiser; Hersteller: Thomas Porzellan

drückt man den Stift in Höhe der gewünschten Linie auf den Artikel und dreht mit der andern Hand die Scheibe. Der Kreis schließt sich im gleichen Abstand vom Bord. Die einzelnen Abstände können vorher mit einem Papierstreifen oder sonstigen Maßstab bestimmt werden. Die Lochpause gestattet, in kurzer Zeit beliebig viele Motive am Geschirr zu vervielfältigen. Die Ausmalung mit Farbe geschieht am besten flächenhaft und mit gleichmäßiger Farblage. Beachtenswert sind die beliebten Rot-Orange-Farben. Sie müssen deckend gestrichen werden, das heißt der weiße Scherben darf gerade nicht mehr durch die Farblage scheinen. Stärker darf die Schicht jedoch nicht liegen, sonst platzt die Farbe nach dem Brand ab. Alle anderen Farben müssen aber durchsichtig den Scherben erkennen lassen.

Schmetterlingsdekor

Daß duftende Blumen Schmetterlinge anziehen, ist eine natürliche Erscheinung und gleichzeitig eine Augenweide. Es liegt nahe, daß dieses beliebte Motiv immer gern gestaltet wurde. Blumen und Schmetterling sind zarte Gebilde und lassen sich gut Porzellan zuordnen. Beide erweisen sich in ihrer schier unbegrenzten Vielfalt und Farbigkeit als willkommenes Objekt für eigene Phantasieformen. Ihre Eigenschaft ist dekorativ. Anregungen zu verschiedenartigen Formen und Zeichnun-

138
Tasse und Untertasse mit dem seltenen Dekor mit kleinen Schmetterlingen. Nyon, um 1800. Genf, Musée de l'Ariana

139
Waschbecken aus einem Toilettengeschirr mit Schmetterlingsdekor. Nyon um 1800. Genf, Musée de l'Ariana

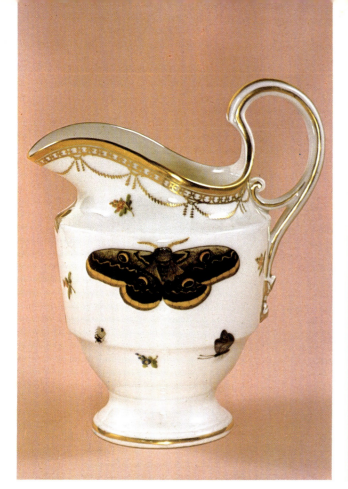
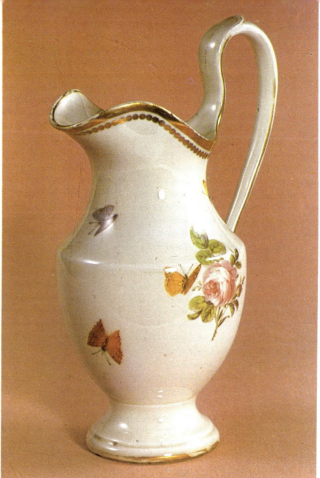

140, 141
Zwei Kännchen der Manufaktur Nyon aus der Zeit um 1800 mit zwei verschiedenen Arten des Schmetterlingsdekors. Genf, Musée de l'Ariana: 140; Nyon, Museum: 141

gen findet man häufig in Nachschlagewerken. Dabei ist zu beachten, daß der Schmetterling zart in der Farbe und in der Zeichnung sein muß. Nicht die natürliche Wiedergabe ist entscheidend, sondern die dekorative. Seine Form sollte in Bezug gesetzt sein zu einer Blume. Doch hat hier vor allem die Streuanordnung ihre Berechtigung, und sie eignet sich hervorragend für das Verdecken von kleinen Produktionsfehlern. Zwar kann eine Goldkante oder sonst eine gut angeordnete Goldverzierung manchmal einen Dekor unterstützen, doch ist eine Ausführung in Farbe oft vorteilhafter, ja sogar aussagekräftiger.

In der gleichen Weise wie bei der Blumenmalerei beginnt man die Anlage des zarten, flächenhaften Grundtones und vermeidet die Schattierung und die Ausarbeitung. Erst nach dem ersten Schmelzbrand malt man Tiefe und charakteristische Auszeichnung des einzelnen Objekts. Die Gold- oder Farbkante kann bereits mit der Anlage verbunden werden. Brenn- oder Malfehler können dann ausgebessert und im notwendigen zweiten Feuer korrigiert werden.

Kann ein Maler als geübter Techniker sicher mit Farbe und Pinsel umgehen, ist er imstande, die Schattierung und Zeichnung mit einer eventuellen Kante für einen Schmelzbrand herzustellen.

Keramikmalerei

Der Begriff »Keramik« umfaßt die Tonwaren minderer Qualität bis zum feinsten Porzellan, der Begriff »Keramikmalerei« bleibt aber beschränkt auf Waren, deren rustikaler Charakter in markanter und einfacher Pinselstrichmanier unterstrichen werden soll. Eine gewisse Großzügigkeit in der Malweise ist im Gegensatz zur Porzellanmalerei erwünscht und notwendig. Blumen werden hier in noch viel größerem Maße stilisiert als in der Maniermalerei auf Porzellan. Eine Rose besteht zum Beispiel oft nur aus Pinseldrehungen, und Blätter ergeben sich von Pinseldrückern. Die lebendige Glasur überspielt manches mit Zufälligkeiten und erzeugt so einen Reiz des Nicht-Perfekten.

In Keramikbetrieben wird die Malerei hauptsächlich auf rohglasiertem, also ungebranntem Scherben aufgetragen. Dabei werden die Farboxide mit Wasser verdünnt. Hier sind auch die Engobe (Angüsse) und die

142, 143
Die Keramikmalerei wird im Unterschied zur Porzellanmalerei dem gröberen Werkstoff entsprechend großzügiger ausgeführt. Beachtet man den anderen Charakter des Werkstoffes nicht, so erreicht man mit der Dekoration keine Steigerung oder Aufwertung des Artikels. Entwurf: Björn Wiinblad; Hersteller: Rosenthal, Form »Siena«

144
Keramikmalerei. Entwurf: Björn Wiinblad;
Hersteller Rosenthal, Form »Siena«

Schlickermalerei (Schlicker = feuchte, farbige Tonmasse) zu nennen. Fertiggebranntes Steinzeug, Stein- oder Tongut kann aber auch in der bisher beschriebenen Technik des Porzellanbemalens verziert werden. Lediglich die Einbrenntemperatur muß dem Material angepaßt werden. Sie liegt für die echte Kobaltmalerei meistens bei 1250° C und für den Aufglasur-Schmelzbrand knapp unter 800° C.

Einfache Pinselornamente, verbunden mit Linien, die mit Hilfe der Ränderscheibe gezogen werden können (s. »Rändern, Bändern, Streifen«), sind stets materialgerecht und geben dem Gegenstand eine rustikale Note. Die Herstellungsweise ist einfach. Nach der Anzeichnung oder der Übertragung des Ornaments mittels einer Pause zieht man erst die Linien mit dem Ränderer. Anschließend werden die Linien mit einem Malpinsel zu einem Ornament ausgearbeitet, wobei auf eine gute, gleichmäßige Verteilung der Farbe geachtet werden muß (s. »Erste Malversuche«).

Fliesentableau

Die als Tableau bezeichneten Bilder setzen sich aus mindestens vier und nicht selten aus mehr als 100 Kacheln (Fliesen) zusammen. Im Gegensatz zu einer gewöhnlichen Wandverkleidung wird dem Gestalter Virtuosität in technischer und künstlerischer Hinsicht abverlangt. Meist sind die heute in Museen aufbewahrten erhaltenen Werke Nachbildungen in mehrfarbiger oder nur in blauer Ausführung von Stichen oder Bildern bekannter großer Meister. Mit der Einrichtung und den technischen Geräten des Porzellanmalers, wozu auch eine Schmelzmuffel gehört, und mit malerischem Talent ist es jedem möglich, selbst schmucke Wände zu gestalten. Gute Fliesenbilder können die dabei erreichbare Leuchtkraft der Farben wirkungsvoll zur Geltung bringen. Dazu kommt der Vorteil der Lichtechtheit bei keramischen Farben.
Weiße, glasierte glatte Fliesen sind in einschlägigen Geschäften zu erhalten. Sie sind durchwegs aus Steingut gefertigt und besitzen eine farblose oder weißdeckende Glasur. Brennproben von Steingutfarben

145
Das aus neun Fliesen gestaltete Blumentableau entstand im 18. Jahrhundert in Friesland. Die Ansätze der Malerei, die die Kacheln verbinden, sind mit Sorgfalt gesetzt.

146
Dieses Fliesentableau mit der Darstellung einer großen Blumenvase wurde nach einem Stich oder Gemälde von Huysum oder Rachel Ruysch gemalt. Das von »De Roos«, der bedeutendsten aller Delfter Fliesenmanufakturen, hergestellte farbenprächtige Tableau entstand um 1735. London, Victoria & Albert Museum
Ein gleiches, wahrscheinlich älteres Tableau in einfarbig blauer Bemalung befindet sich im Amsterdamer Rijksmuseum.

in einer kleinen Topfmuffel sichern das Gelingen und Verhindern die Vernichtung einer ganzen Arbeit durch zu hohen Brand. Steingutfliesen reagieren auch empfindlich bei raschem Temperaturwechsel; damit Spannungsrisse vermieden werden, ist die Abkühlungszeit deshalb zu beachten. Das zu gestaltende Bild muß in seiner Gesamtheit genau mit dem Allschreiber oder, bei einer Kopie, mit einer Pause angezeichnet werden. Bei einer größeren Vorlage oder bei einer Vergrößerung des Bildes ist eine Klarsichtfolie im gleichen Verhältnis wie das Fliesenbild mit einer quadratischen Einteilung zu versehen und zu numerieren. Die entsprechende Nummer trägt auch die betreffende Fliese auf ihrer Rückseite. Das erleichtert die Suche nach dem Detail in der Vorlage und gewährleistet Genauigkeit in der Wiedergabe. Diffizile Reproduktionen werden, wie in der Porzellanmalerei, einen Vorbrand nach der Anlage der Grundfarben benötigen, sofern man noch nicht die Versiertheit eines Könners mit sicherer Hand besitzt. Regelmäßige Passungskontrollen sind während der Arbeit stets notwendig.

Porzellanbilder

Mit der Technik der Porzellanmalerei können Bilder oder Kopien von Gemälden hergestellt werden, die jeder Alterung und Zersetzung widerstehen. Die Porzellanplatte wird als Malgrund verwendet und mit einem üblichen Bilderrahmen versehen. Die Fertigung derartiger Erzeugnisse erfordert aber ein hohes Maß an Erfahrung und genaue Kenntnisse der Farbmischung. Hierbei findet auch die Lochpalette aus Porzellan oder Steingut mit ihren Vertiefungen für die malbereite Lagerung von verschiedenen Grundfarben ihre Anwendung. Durch direktes Mischen oder Überlegen eines angetrockneten oder vorgebrannten Grundtones können praktisch beliebig viele Zwischentöne erzielt werden. Zunächst müssen die Farben auf einer Glaspalette mit Dicköl und 2 Tropfen Nelkenöl als zäher Brei aufgemischt und fein gerieben werden. Danach setzt man nur etwas Terpentinöl hinzu, so daß die Farbe von der Spachtel in das betreffende Loch der Palette abläuft. Bevor dann die Arbeit in Aquarelltechnik begonnen wird, sei nochmals der Abschnitt »Farbenmischung« in Erinnerung gerufen und darauf hingewiesen, daß direkt gemischte Farben einen anderen Ton nach dem Brand ergeben als beide Farben getrennt übereinander gestrichen. Dabei ist nicht unerheblich, welche Farbe zuerst gestrichen und angetrocknet war und ob eventuell ein Zwischenbrand erfolgte. Endgültige Voraussagen lassen sich wegen der verschiedenartigen Produkte nicht machen. Die persönliche Erfahrung ist hier nicht zu umgehen. Grundsätzliche Regeln für keramische Farben gibt es dennoch. Eine Anlage, deren Grundton Eisenrot aufweist, sollte nur mit gleicher Farbe, ausnahmsweise noch in dünner Lasur mit Dunkelbraun oder Purpur, schattiert werden. Blau und Gelb bewirken eine Auflösung des Eisenrots. Schattenwirkung erreicht man bei intensivem Blau mit Purpur, ebenso bei Grün, wobei Blau und Grau weitere Möglichkeiten zur Mischung eröffnen. Den Abschattierungseffekt erreicht man bei Purpur mit Grau. Mit Blau und Gelb sind weitere Farbtonabweichungen zu erzielen. Auf einen Grundton gesetzte, leichte Lasuren der verschiedensten Farben ergeben immer wieder neue Farbnuancen, doch muß wegen der Abplatzgefahr stets die gesamte Farbstärke im Auge behalten werden. Ein lohnendes und geeignetes Motiv zur Einübung ist zum Beispiel »Der Feldhase« von Albrecht Dürer. Sind die Grundkenntnisse vorhanden, dürfte diese Arbeit bereits auf Anhieb gelingen. Nach der Vorlage in der richtigen Größe fertigt man mit Transparentpapier eine Pause und überträgt sie auf die Porzellanplatte. Ein dazwischengeschobenes, nicht sehr intensiv geschwärztes Graphitpapier sorgt für die Kenntlichkeit, wenn die Linien mit einer Hornnadel oder einer Stricknadel nachgezogen werden. Eine Lochpause ist hierzu völlig ungeeignet. Mit einem weichen graubraunen Ton wird der gesamte Hase in seiner Form durchgezeichnet. In die anlasierte Fläche kann man nun mit der Pinsel-

147
Hase von Albrecht Dürer. Als Motiv für ein Bild auf Porzellan stellt seine Wiedergabe einem Porzellanmaler mit Grundkenntnissen keine besonders schwierige Aufgabe. Handmalerei. Hersteller: Rosenthal

stielspitze oder dem terpentinfeuchten Pinsel Lichter einsetzen. Nach der Antrocknung bewirkt eine leichte Braunlasur über dieser Anlage eine erste unterschiedliche Farbigkeit im Fell. Erneutes Herausheben von Lichtern mit dem Stiel führt diese Wirkung weiter. Nach dem ersten Schmelzfeuer bei 820° C werden die Augen, die Nasenpartie, die Barthaare und die Krallen mit einem Gemisch von Braunschwarz kenntlich ausgemalt. Eine weitere Braunlasur vertieft noch die Schattenflächen. Die Lichtzonen bekommen eine leichte rötlich-gelbbraune Übermalung, ebenso der Schatten. Der abschließende Schmelzbrand bei 790° C besiegelt diese Arbeit.

Fayence-Fliesen

Die mit weißer, undurchsichtiger Zinnglasur bedeckten Fliesen aus farbigem Ton und mit einer Dekoration in vielfältigen Motiven erlebten ganz besonders in Holland Anfang des 17. Jahrhunderts eine große Blüte. Waren es in der islamischen Welt in der Hauptsache Fliesen mit geometrischen oder organischen Mustern und symbolhaften Darstellungen, die ganze Moscheen eindeckten, so entwickelte man in Europa, vornehmlich in Italien und Holland, die liebenswerte Einzelfliese. Der Reiz einer solchen Einzelfliese kann durch die Aneinanderreihung von Fliesen mit verschiedener oder differenzierter Darstellung gesteigert werden, wie es zum Beispiel Schiffs-, Vogel- und Blumenmotive beweisen. Alte holländische Fliesen besitzen als verbindendes Element Eckmuster, die in der Gruppe ein Ornament bilden. Die dem ostasiatischen Porzellan nachgeahmte blaue Malfarbe hat den Charakter und den

148
Diese Fayencefliesen in Blaumalerei zeigen Bildgeschichten; sie geben Themen der Volkskunst ausdrucksstark wieder. Jede Fliese ist eine Einheit für sich, zusammen bilden sie ein harmonisches Mosaik. Die Fliesen stammen aus einer mexikanischen Werkstatt der 2. Hälfte des 17. Jahrhunderts. London, Victoria & Albert Museum

Ruhm dieser Fliesen mitgeprägt und findet heute noch in der keramischen Industrie Beachtung. Das unverwechselbare stumpfe Blau mit einer Spur Violett bezeichnet man immer noch als Delftblau.
Die Dekoration wird, neben der direkten Bemalung auf Rohglasur, häufiger auf der fertigen Fliese angebracht. Die Brennhöhe des Scherbens liegt bei ca. 1100°C und die der Glasur bei ca. 1000°C. Der Schmelzbrand ist deshalb niedriger gehalten als auf Porzellan. Es eignen sich Farben, die für Steingutglasuren hergestellt sind und bei 650–750°C eingeschmolzen werden können. Die Technik der Porzellanmalerei findet für diese Art der Verzierung volle Anwendung.
Fliesen gehören seit alters zur Volkskunst und sind heute wieder durch ihre Aussagekraft eine willkommene Bereicherung häuslicher Einrichtungen. Kopien von Vorlagen und eigene Entwürfe dienen als interessantes Experimentierfeld.

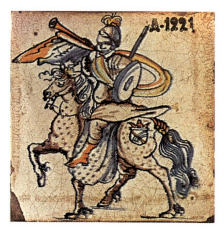

149
Der reitende Hornbläser stammt aus einer niederländischen Produktion des 17. Jahrhunderts. Soldatenmotive kopierte man damals von italienischen Stichen. Delft, Museum Lambert van Merten

150
Der nach einer Kupferstichvorlage gemalte Fähnrich mit Kreuzpanier wird durch den Kreis und die dunkelblauen Ecken als Einzelbild hervorgehoben. Delft, Museum Lambert van Merten

151
Diese holländische Fliese mit dem heraldisch stilisierten Adler stammt wie die beiden anderen aus dem 17. Jahrhundert. Durch Eckmuster stellte man die Verbindung zwischen einer Vielzahl von Einzelfliesen her. Delft, Museum Lambert van Merten

ANHANG

ERKLÄRUNG DER FACHAUSDRÜCKE

Abdecklack dient zur Isolierung von Flächen, die nach der Farbfondgestaltung frei bleiben sollen. Er läßt sich in trockenem Zustand als Film abziehen.

Abplatzen von Farben kann bei Aufglasurmalerei nach dem Schmelzbrand auftreten; Ursache ist ein zu starker Farbauftrag.

Abziehbilder mit keramischen Farben finden aus Rationalitätsgründen bei der Porzellandekoration in Fabriken hauptsächlichste Anwendung.

Achatstift wird bei punktueller Goldpolierung verwendet.

Allschreiber ist ein speziell präparierter Fettstift, der auf Glas und Porzellan mit klarer Linie zeichnet und im Schmelzfeuer verbrennt.

Aerograph ist eine Spritzpistole mit feinem Strahl zum Zeichnen.

Anisöl dient als Frischhaltemittel der ölig aufgemischten Farben.

Anlagefarbe nennt man den Grundton, der z. B. bei der Blumenmalerei von größter Wichtigkeit ist.

Arkanum ist ein Begriff aus der Alchemie und bezeichnet das Herstellungsgeheimnis des Porzellans.

Asphalt ist pechartig, hat eine braune bis schwarze Farbe und stößt Wasser ab. Er dient zur Isolierung von Flächen bei Ätzdekorationen auf Porzellan.

Ätzen kann man Porzellan nur mit hochprozentiger Flußsäure. Die Glasur wird dabei je nach Ätzdauer entsprechend tief aufgelöst.

Ätzgold heißt das auf die geätzten Dekormuster gestrichene Poliergold, das dabei einen Matt-Glanz-Effekt erhält.

Ätzimitation erreicht man mit einer mattschmelzenden Aufglasurfarbe, auf die nach dem ersten Schmelzbrand Gold gemalt werden kann. Der Matteffekt ist im Gegensatz zur echten Ätzkante erhaben. Die Glanzfläche ist dicht auf der unbehandelten Glasur.

Ätzpaste ist Säure, mit Füllstoffen eingedickt. Ihr Vorteil liegt in der Anwendung bei kleinen Dekorpartien, sie erfordert keine volle Isolierung des Artikels.

Aufglasurfarben bestehen aus verschiedenen Metalloxiden, die mit Flußmittel vermischt und nach der Verarbeitung auf fertigem Porzellan bei 800°C an die Glasur geschmolzen werden.

Aufkochen kann eine Farbe, wenn der Maler zuviel Dicköl oder Balsam beigemengt hat.

Ausarbeitung nennt man den Vorgang des Schattierens und Auszeichnens nach der Anlage eines Dekors.

Balsam ist ein Malöl, hat die Konsistenz etwa von Honig und ist das Harz des Kopaiva-Baumes aus tropischen Wäldern Südamerikas.

Bänder werden wie Linien und sogenannte Ränder hauptsächlich auf der Drehscheibe hergestellt; sie unterscheiden sich voneinander nur durch die Breite der Ausführung.

Bankett nennt man die Armstütze, die am Arbeitstisch des Malers angebracht ist.

Biskuitporzellan ist unglasiertes, gargebranntes Porzellan. Der Masseversatz ist so eingestellt, daß die Oberfläche weißem Marmor ähnelt. Erste Anwendung erfolgte in Sèvres.

Blässen heißt in der Unterglasurmalerei mit Kobaltfarbe, größere Flächen mit stark verdünnter Farbe innerhalb einer Kontur zu füllen.

Blaumalerei weist nur die Verwendung von Kobaltoxid nach.

Bone china (Knochenporzellan) wird ausschließlich in England hergestellt. Anstelle einer Fritte werden der Porzellanmasse gebrannte Rinderknochen (Calciumphosphat) beigesetzt.

Böttgerporzellan besteht aus Kaolin, Kreide und Quarz.

Böttgersteinzeug ist hoch gebrannt und hat einen dichten, roten Scherben.

Brennen Bei Hartporzellan erfolgt zuerst der Verglühbrand bei 900°C. Dabei entweicht das chemisch gebundene Wasser. Nach dem Glasieren erfolgt der Gut-, Gar- oder Glattbrand bei 1400°C. Dann folgen je nach Dekor der Scharffeuerbrand (bis 1380°C), der Schnellbrand (bis 1250°C) und der Aufglasur- bzw. Schmelzbrand (bis 850°C).

Camaieu Ton-in-Ton-Malerei; hauptsächlichste Verwendung von Purpur, Eisenrot, Kupfergrün.

Chinoiserien sind von europäischen Malern phantasievoll gestaltete Szenen aus dem chinesischen Leben.

Dicköl ist eingedicktes Terpentinöl.

Drehscheibe benötigt man zur Herstellung von Linien, Rändern und Bändern.

Drucker nennt der Maler kleine und dunkel gehaltene Flächen, die mit einem kleinen spitzen Pinsel ausgeführt werden und der Malerei Tiefe und Charakter geben.

Edelmetallpräparate sind Gold, Silber und Platin in Verbindung mit Flußmittel, bei flüssigen Produkten mit Malölen und Füllstoffen versetzt.

Elfenbeinporzellan kann durch Manganfarbkörper in der Masse oder durch die Glasur gelblich getönt sein.

Emailfarben sind undurchsichtige Schmelzfarben im Gegensatz zu den üblichen Aufglasurfarben.

Engoben sind Begüsse einer keramischen Grundmasse mit andersgefärbten Massen.

Faden heißen bei der Unterglasurdekoration die Linien, die mit Hilfe der Drehscheibe entstehen.

Farbaufstriche macht der Maler beim Erwerb von Farben, von Dunkel verlaufend bis Hell, um deren Eigenschaften kennenzulernen.

Farbfluß besteht aus Glasfritten, die den Schmelzpunkt des Farbversatzes herabsetzen und den Farbkörper an die Glasur binden.

Farbkörper sind Metalloxide. Bestimmte Oxide lösen sich im Flußmittel auf und haben tintigen Charakter.

Farblage ist die Schichtstärke der Dekoration.

Farbton zeigt den Stellenwert innerhalb des Farbtonkreises.

Farbwert bezeichnet die Intensität der Farbe.

Fayence hat porösen Scherben mit opaker Zinnglasur und Schmelzfarbendekoration.

Fehhaar wird hauptsächlich für Aufglasurpinsel verschiedener Art verwendet. Es stammt vom Schweif des Eichhörnchens, das in Sibirien und Kanada lebt, im Winter ein graues Fell besitzt und deshalb Feh genannt wird.

Flußsäure vereinigt sich mit den meisten Elementen unter heftiger Reaktion. Sie ist das einzige Mittel zur Erzielung einer echten Ätzdekoration auf Porzellan.

Fond nennt man einen gleichmäßigen Auftrag von Farben.

Fritte ist eine Schmelzmasse von verschiedenen Materialien (glasartig).

Frittenporzellan besteht aus einer Glasfritte und ist durch Zusatz von Kreide opak und dadurch porzellanähnlich im Aussehen.

Glanzgold wurde 1827 von Kühn in der Meißner Manufaktur entwickelt. Das 10–15%ige Goldchlorid wird mit Flußmittel und Malölen versetzt. Nach dem Brand erscheint das Gold sofort hochglänzend.

Glanzplatin erscheint nach dem Brand sofort hochglänzend. Es hat gegenüber Glanzsilber den Vorteil, daß es keinen schwarzen Reaktionsbelag bildet.

Glasfaserbürste benötigt man zur Mattgoldpolierung. Sie besteht aus feinen Glasfäden.

Glasur ist ein glasig brennender Versatz und besteht aus den gleichen Rohstoffen wie die Porzellanmasse, aber in einem anderen Mischungsverhältnis. Verglühte Ware wird in Glasurbrei getaucht, seltener gespritzt.

Glaspalette dient dem Maler zur Farbaufbereitung. Dazu eignet sich jedes Fensterglas. Mattgewordene Scheiben nützen Pinsel schneller ab und sollen ausgewechselt werden.

Glyzerin wird statt Öl als Malmittel für Unterglasurfarben verwendet. Ölfarbe würde die Glasur abstoßen.

Gold s. Edelmetallpräparate, Glanzgold, Poliergold

Goldradiergummi besteht aus Schleifmaterial, mit dem man angeschmolzenes Gold abreiben kann.

Haarrisse sind Spannungsrisse, die z. B. bei zu früher Entleerung eines Schmelzofens durch krasse Temperaturunterschiede entstehen.

Handgemalt werden Stücke signiert, die ausschließlich ein Maler bearbeitet hat.

Hartporzellan ist die Krönung keramischer Erzeugnisse. In Vollendung wirkt der Scherben weiß, ist dünn und gegen eine Lichtquelle transparent.

Höroldt ist der bedeutendste Meißner Porzellanmaler und der Vater des europäischen Dekorstils in der Blumenmalerei.

Kakiemon war der Name eines japanischen Familienunternehmens zwischen 1680 und 1720, dessen Erzeugnisse in Europa, vor allem in Meißen, wegen der Leuchtkraft ihrer Farben und wegen der Kompositionen lange Zeit kopiert wurden.

Kartusche ist eine Ornamentform aus einer medaillon- oder schildförmigen Fläche (mit Wappen oder Emblem).

Königswasser löst im Mischungsverhältnis 1:3 von konzentrierter Salzsäure und konzentrierter Salpetersäure Gold auf (König der Metalle).

Linieren nennt man die Herstellung einer Linie von einem halben Millimeter Breite.

Lasieren nennt man den hauchdünnen Farbauftrag auf einer Fläche.

Lavendelöl dient als Frischhaltemittel von malbereiten Farben.

Lochpalette eignet sich besonders gut für die Technik der Blumenmalerei.

Lochpause benötigt man zur Vervielfältigung eines Motivs. In enger Lochreihung wird die Zeichnungslinie durchstochen. Bei der Anwendung fällt der Graphitstaub durch die Löcher.

Lösungsfarben sind Nitrate, die in flüssiger Form auf Verglühscherben aufgetragen werden, aber erst nach dem Brand farbintensiv erscheinen und deshalb nur unkontrollierbar verarbeitet werden können.

Lüster haben schillernden Hochglanz. Es sind Metallsalze, sie belegen eine Fläche hauchdünn.

Malhorn wird zum Auftragen von gefärbten Porzellanmassen verwendet. Es ist vergleichbar mit einer Konditorspritze.

Maniermalerei wird die von Meißen entwickelte Blumenmalerei genannt, die eine rationelle und bei allen Malern fast gleiche Produktion ermöglicht.

Manufaktur erzeugt mit der Hand angefertigte Gegenstände im Gegensatz zur Fabrik.

Massivgold oder Malergold hat ca. 90% Feingoldgehalt und ist pulverförmig.

Mattgold auch Poliergold genannt, besitzt nach dem Brand ein stumpfes Aussehen und muß zu Glanz poliert werden.

Muffelofen oder Standmuffel dient zum Einschmelzen von Farben auf Porzellan.

Muffelgelb kann als unangenehme Nebenerscheinung bei Dekorbränden in Form von Fleckenbildung auftreten.

Nadelstiche treten bei Fehlbränden im Bereich über 1000°C auf und sind an der Glasur sichtbar.

Nelkenöl hat die besten Eigenschaften als Frischhaltemittel für aufbereitete Porzellanfarben.

Pat-sur-Pat-Malerei ist eine besondere Art der Schlickermalerei. Die verschiedenfarbigen Porzellanmassen werden nach und nach aufgetragen, und es entsteht ein farbiges Flachrelief. Sie wurde 1860 in der Manufaktur Sèvres entwickelt.

Poliergold s. Mattgold

Purpur ist ein Produkt, das aus Gold gewonnen wird und deshalb gegenüber anderen Farben im Preis sehr hoch liegt.

Rändern nennt man die Ausführung von Linien mit der Randbreite von einem Millimeter.

Rocaillen sind unsymmetrische muschelförmige Ornamente, die zuerst im Rokoko verwendet wurden.

Scherben nennt man den Werkstoff des geformten keramischen Materials.

Schlickermalerei wird mit gefärbter Porzellanmasse im breiigen Zustand mit dem Malhorn aufgetragen.

Schwindung des rohgeformten Porzellans bis zur Fertigstellung beträgt ungefähr ein Siebentel.

Service für den Kaffeetisch besteht aus 1 Kaffeekanne, 1 Zuckerdose, 1 Gießer, 6 Tassen und 6 flachen Tellern 19 cm im Durchmesser, ist also 15 teilig. Ein Tafelservice für sechs Personen ist 22 teilig und hat 6 Teller flach 25 cm, 6 Teller tief 23 cm oder statt dessen Suppentassen, 6 Teller flach 19 cm, 1 Ragout, 1 Sauciere, 1 Salat, 1 Platte oval 28 cm.

Spachtel besteht aus Federstahl mit einem Holzgriff und dient zur Aufbereitung von Farbe.

Staffage ist die malerische Betonung einer Verzierung, z. B. eines Reliefs, aber auch die lineare Einfassung der Henkel und Schnaupen (Ausgüsse).

Stupfen (auch Stuppen) ist das älteste Verfahren der Fondherstellung. Die angelegte Farbe wird mit einem Stupfballen betupft und so gleichmäßig verteilt. Bei kleinen Flächen findet der Stupfpinsel Anwendung.

Tellerfahne erstreckt sich vom Tellerrand bis zum Spiegel des Tellers.

Tellerspiegel ist die Innenfläche des Tellers.

Tellersteigbord liegt zwischen Spiegel und Fahne des Tellers.

Terpentinöl gewinnt man durch Destillation von Terpentin, dem Harz von Koniferen.

Tunnelöfen arbeiten nach dem Prinzip des Durchlaufens der Ware, die in der Mitte die Feuerzone erreicht und abgekühlt am anderen Ende entleert werden kann.

Unterglasurmalerei wird auf dem Verglühscherben angebracht und anschließend glasiert und gargebrannt.

Watteaumalerei heißen Motive des Rokokostils, die dem großen französischen Maler und Grafiker Watteau nachempfunden wurden.

Weichporzellan wird wesentlich tiefer gutgebrannt als Hartporzellan und hat deshalb eine reichere Unterglasur-Farbskala.

Weißgold erreicht man in Verbindung mit Silber.

Zierporzellan ist vorzugsweise als Schmuck bestimmt. Deshalb lassen sich mit allen zur Verfügung stehenden Mitteln Dekorideen verwirklichen, die optimale Wirkungen erzielen und keinem Gebrauchstest standhalten müssen.

Zinnglasur als weißdeckende Schicht ist ein wichtiger Bestandteil der Fayence.

Literaturnachweis

Berendsen, Anne, Marcel B. Keeser, Sigurd Schoubye, João Miguel dos Santos Simões, Jan Tichelaar: Fliesen, München 1964

Danckert, Ludwig: Handbuch des Europäischen Porzellans, München 1978

Ducret, Siegfried: Deutsches Porzellan und deutsche Fayencen mit Wien, Zürich und Nyon, Fribourg 1962

Jedding, Hermann: Europäisches Porzellan. Band I, Von den Anfängen bis 1800, München 1971

Klein, Adelbert: Keramik aus 5000 Jahren, Düsseldorf 1969

Mields, Martin und Rudolf Lauschke: Praxis der Porzellanmalerei, München 1965

Walcha, Otto: Porzellan, Leipzig 1963

Walcha, Otto: Meißner Porzellan, Dresden 1973

Weiß, Gustav: Ullstein Porzellanbuch, Berlin 1964

Islamische Keramik (Düsseldorf, Hetjens-Museum), bearbeitet von Adelbert Klein, Johanna Zick-Nissen, Ekkart Klinge, Düsseldorf 1973

Hersteller-Adressen

Farben

Degussa
Geschäftsbereich Keramische Farben
Postfach 2644
D–6000 Frankfurt/Main 1

W. C. Heraeus GmbH
Abt. Keramische Farben
D–6450 Hanau

G. Siegle & Co. GmbH
Farbenfabriken
D–7000 Stuttgart 30

Dr. Kurt Rüger & Jos. F. Günzel
Schmelzfarben GmbH
Dornhofstr. 71
D–6078 Neu Isenburg

Reimbold & Strick
Chemisch-keramische Werke
Kunftstr. 4
D–5000 Köln-Kalk

Blythe Colours Limited
A Johnson Matthey Company
Cresswell, Stoke-on-Trent St 11 9rd
Großbritannien

Blythe Coleurs B. V.
Regout-Matthey
Maastricht
Niederlande

*Kleiner Tiegelofen für Brennversuche
von Farben bis max. 850 °C*

Labor-Center
Postfach 14 D
D–8500 Nürnberg 109

Gold, Platin, Lüster

Degussa
Geschäftsbereich Keramische Farben
Postfach 2644
D–6000 Frankfurt/Main 1

W. C. Heraeus GmbH
Abt. Keramische Farben
D–6450 Hanau

Pinsel und Malzubehör

Luitpold Grießhammer
Inh. Günter Ringel
Erkersreuth
Postfach 13
D–8672 Selb

Winsor & Newton
Waldstone Harrow, Middlesex
Großbritannien

Brennöfen

Naber
Bahnhofstr. 20
Postfach 1120
D–2804 Lilienthal/Bremen

Aug. Linn
Postfach 349
D–8562 Hersbruck

Riedhammer
Schleifweg 45
D–8500 Nürnberg

Abbildungsnachweis

Düsseldorf, Landesbildstelle: 3, 130; Hamburg, Museum für Kunst und Gewerbe: 17, 19, 20; London, British Museum: 1, 18; München, Bayerisches Nationalmuseum: 74; Paris, Bibl. nat., Cabinet des Estampes: 14; Stockholm, Nationalmuseum: 113; Zürich, Slg. Dr. Siegfried Ducret: 10; Lorenz Hutschenreuther, Selb: 131; Rosenthal, Selb: 4, 30, 36, 38, 43, 53, 57, 59, 62, 63, 64, 65, 66, 67, 70, 88, 91, 94, 95, 96, 98, 99, 100, 101, 102, 103, 104, 106, 107, 108, 112, 121, 122, 124, 125, 126, 127, 128, 132, 134, 135, 136, 137, 142, 143, 144, 147; Hans Bäumler, Selb: 48, 49, 76, 79, 80, 81, 83, 84, 85, 86, 87; Michel Duperrex (entnommen dem Band «Merveilleuse Porcelaine de Nyon» von Edgar Pelichet, Editions du Grand-Pont, Lausanne): 50, 51, 89, 90, 92, 93, 109, 116, 117, 118, 119, 138, 139, 140, 141; Hans Hinz, Basel: 2, 6, 8, 9, 11, 12, 13, 15, 16, 97, 123, 133

Bei allen übrigen Abbildungen handelt es sich um Aufnahmen und Zeichnungen des Autors oder aus seinem Archiv.